PARAMAHANSA JOGANANDA
(1893 – 1952)

Tam, gdzie SWIATŁO

gdzie

Głęboka mądrość i inspiracja
pomagające sprostać wyzwaniom życia

Wybór z nauk
Paramahansy Joganandy

PARAMAHANSA
JOGANANDA

Self-Realization Fellowship
FOUNDED 1920 BY PARAMAHANSA YOGANANDA

Tytuł oryginału w języku angielskim wydanego przez
Self-Realization Fellowship, Los Angeles (Kalifornia):
Where There Is Light

ISBN-13: 978-0-87612-720-9
ISBN-10: 0-87612-720-0

Przekład na polski: Self-Realization Fellowship

Pierwsze wydanie w języku polskim, 2019
First edition in Polish, 2019

ISBN-13: 978-0-87612-860-2
ISBN-10: 0-87612-860-6

1691-J6111

Spis treści

DUCHOWE DZIEDZICTWO
PARAMAHANSY JOGANANDY

W roku 1920 Paramahansa Jogananda założył Self-Realization Fellowship, aby rozpowszechniać swoje nauki i zachować ich wierność i spójność dla przyszłych pokoleń. Od najwcześniejszych lat pobytu w Ameryce był on płodnym pisarzem i wykładowcą, i pozostawił po sobie ogromne i renomowane zbiory prac na temat naukowej medytacji jogicznej, sztuki zrównoważonego życia i podstawowej jedności wszystkich wielkich religii. Dziś ta wyjątkowa i daleko idąca spuścizna duchowa nadal żyje, inspirując miliony poszukiwaczy prawdy na całym świecie.

Zgodnie z wyraźnymi życzeniami wielkiego mistrza Self-Realization Fellowship kontynuuje publikowanie i utrzymuje stale w druku *Dzieła zebrane Paramahansy Joganandy*. Zawierają one nie tylko ostatnie wydania wszystkich książek, które Autor opublikował za życia, ale także wiele nowych tytułów – dzieła, które nie zostały wydane przed jego śmiercią w 1952 roku lub które znajdują się w serii artykułów publikowanych w ciągu wielu lat w czasopiśmie wydawanym przez Self-Realization Fellowship. Są tam także setki niezwykle inspirujących wykładów i nieformalnych rozmów nagranych, ale nie wydrukowanych przed jego odejściem.

Paramahansa Jogananda sam osobiście wybrał i przeszkolił tych ze swoich najbliższych uczniów, którzy pomogli mu w założeniu Rady Wydawniczej Self-Realization Fellowship, i dał im ścisłe wytyczne dotyczące przygotowywania i publikowania jego nauk. Członkowie Rady Wydawniczej Self-Realization Fellowship (mnisi i mniszki, którzy złożyli dozgonne śluby wyrzeczenia i bezinteresownej służby) honorują niniejsze wytyczne jako święte powiernictwo, ażeby uniwersalne przesłanie tego ukochanego przez świat nauczyciela pozostało żywe, zachowując swoją pierwotną moc i autentyczność.

Emblemat Self-Realization Fellowship (widoczny na stronie IX) został stworzony przez Paramahansę Joganandę, aby identyfikował niedochodową organizację, którą założył jako autoryzowane źródło swoich nauk. Nazwa i emblemat SRF widnieją na wszystkich wydanych przez Self-Realization Fellowship książkach i nagraniach, upewniając czytelnika, że są to publikacje organizacji założonej przez Paramahansę Joganandę i wiernie przekazują jego nauki, tak jak on sam zamierzał je przedstawić.

– Self-Realization Fellowship

PRZEDMOWA

NAPISANA PRZEZ ŚRI DAJA MATĘ

prezesa i duchową przywódczynię (1955 – 2010)
Self-Realization Fellowship oraz Yogoda Satsanga Society w Indiach

W latach, gdy miałam szczęście pobierać osobiste nauki duchowe od samego Paramahansy Joganandy[1], zrozumiałam, że prawdziwa mądrość charakteryzuje się dwiema cechami: po pierwsze, obejmuje ona wszystkie przejawy istoty ludzkiej – ciało, umysł, duszę, a także życie osobiste, relacje z rodziną, społecznością i światem. Zarazem prawdziwa mądrość jest tak prosta i oczywista, że od razu wewnętrznie czujemy: „Tak, oczywiście! Wiem o tym od zawsze!". Mamy uczucie, że na nowo budzi się w nas zrozumienie, które już w nas było. Kiedy jakaś prawda dociera do nas na tak głębokim poziomie, natychmiast przestaje być jedynie filozoficzną formułką, przybierając postać rozwiązań praktycznych, wykonalnych.

Właśnie takie prawdy płynęły nieustającym strumieniem z ust mojego guru, Paramahansy Joganandy. Nie miały one charakteru teologicznych abstrakcji ani oklepanych sentencji, lecz stanowiły praktyczny wyraz tej najwyższej mądrości, dzięki której we wszelkich okolicznościach życia można się cieszyć powodzeniem, zdrowiem, trwałym szczęściem oraz błogosławieństwem miłości boskiej. Trzeba by wypełnić wiele tomów, aby ukazać

---

[1] Śri Daja Mata, która wstąpiła do aśramu Self-Realization Fellowship jako zakonnica w 1931 roku, przez ponad dwadzieścia lat pobierała nauki duchowe wprost od Paramahansy Joganandy. Została przez niego wybrana na trzeciego prezesa oraz przedstawicielkę i duchową przywódczynię jego ogólnoświatowej organizacji. Stanowisko to piastowała od roku 1955 aż do śmierci w 2010.

pełny zakres i głębię nauk Paramahansadźi², niemniej miło nam zaprezentować w niniejszej kompilacji chociaż niektóre z klejnotów myśli, jakimi skrzą się jego pisma i wykłady. Głębokie prawdy w nich zawarte, a wyrażone w kilku mocnych słowach, zapalają w człowieku i ożywiają na nowo świadomość własnych niewyczerpanych zasobów wewnętrznych, zaś w okresach niepewności lub kryzysów dodają otuchy, wskazują kierunek.

Te właśnie przyrodzone możliwości ludzkie, moc wewnętrzną oraz zdolność intuicyjnego pojmowania, starał się Paramahansa Jogananda obudzić w tych, którzy przychodzili doń po nauki. Ilekroć w życiu osobistym albo w sprawach naszej światowej organizacji piętrzyły się trudności, spieszyliśmy do niego, oczekując, że pomoże je rozwiązać. Często jednak zdarzało się, że zanim zdołaliśmy przemówić słowo, gestem nakazywał nam najpierw zasiąść do medytacji. W jego obecności umysł się wyciszał i ześrodkowywał w Bogu, tak że niepokoje i zamęt psychiczny, o które nas przyprawiły problemy, całkowicie ustępowały. Nawet gdy nic nie odpowiedział na nasze pytania, to powróciwszy do obowiązków, każdy z nas odkrywał, że myśli jaśniej i że coś w nim już rozpoznało właściwy sposób postępowania.

Paramahansa Jogananda dał nam solidne podstawy zasad pozwalających kierować myślami i postępowaniem mądrze, odważnie i z wiarą. Nie myślał jednak za nas; nalegał, abyśmy w sobie wyrabiali umiejętność rozróżniania poprzez coraz głębsze zestrojenie się z Bogiem, dzięki czemu w każdej sytuacji sami potrafiliśmy dostrzec najlepszy kierunek działań.

W głębi duszy żywię nadzieję, że w niniejszych próbkach

---

² *-dźi* to przyrostek wyrażający szacunek.

wypowiedzi Paramahansy Joganandy każdy czytelnik odnajdzie mądrość i natchnienie, które mu pomogą wytyczyć zwycięski szlak poprzez gąszcz własnych życiowych wyzwań. Nade wszystko zaś niech te prawdy staną się nieustającym bodźcem do dążenia ku wewnętrznym zasobom siły, radości i miłości, które mają źródło w naszej wieczystej więzi z Bogiem. Wszak to w tym odkryciu leży tajemnica największego spełnienia, jakie może ofiarować życie.

Daja Mata
Los Angeles, Kalifornia
Grudzień 1988

WSTĘP

„W przestrzeni, na pozór pustej, istnieje jeden Łącznik, jedyne wieczne Życie, które jednoczy cały wszechświat – ożywiony i nieożywiony – jedna fala Życia, przepływająca przez wszystko".

– Paramahansa Jogananda

W miarę rozwoju cywilizacji na świecie największym naszym powodem do optymizmu jest wzrastająca świadomość zasadniczej jedności wszelkiego życia. Od wieków najbardziej wzniosłe tradycje duchowe uczą, że każde ludzkie życie jest nierozerwalną częścią wszechistnienia. Obecnie dołączyły się do nich głosy fizyków, nowych „wizjonerów", którzy głoszą, że najmniejsza komórka ludzkiego ciała i najodleglejsze galaktyki są połączone nicią jedności. Odkąd odkrycia fizyków potwierdzają także najnowsze wyniki badań w dziedzinie biologii, medycyny, psychologii, ekologii oraz innych nauk, znaleźliśmy się u progu rewolucji ludzkiego rozumienia świata. Owe przebłyski jedności i harmonii świata, tak bezmiernej i doskonałej, zapierającej dech w piersi, zmuszają nas do radykalnie nowego spojrzenia na nas samych i na nasze ludzkie możliwości.

W obliczu potężnych wyzwań, przed jakimi stoi dzisiejszy świat, ta nowa wizja daje głębokie poczucie bezpieczeństwa. Zaczynamy rozumieć, że nie jesteśmy bezradnymi ofiarami kosmosu owładniętego chaosem. Choroby ciała i psychiki, a także te – równie przerażające – które naruszają stabilność naszych rodzin, grup społecznych i gospodarki, oraz ekologiczne zagrożenia samej Ziemi – wszystko to jest rezultatem braku współbrzmienia z podstawową harmonią i jednością kosmosu, czy to na poziomie osobistym, społecznym, narodowym, czy planetarnym. Ucząc się integrować nasze życie z wszechogarniającą harmonią, możemy zwycięsko sprostać wszelkim wyzwaniom zagrażającym naszemu dobru[3].

Obecna epoka zrodziła niesłychaną ilość teorii oraz metod osiągania dobrego samopoczucia i pomyślności życiowej. Medycyna, psychologia oraz szereg prądów metafizycznych – wszystkie one proponują rozwiązania wynikające z własnego specjalistycznego ujęcia rzeczywistości. W rezultacie owa lawina informacji, z których wiele jest, przynajmniej na pozór, wzajemnie sprzecznych, sprawia, że nie potrafimy się w nich dopatrzeć spójnych wątków, które by pomogły ukierunkować i skoncentrować nasze usiłowania w celu dopomożenia sobie i innym. Gorąco pragniemy, by wyłoniła się jakaś szersza perspektywa, jakaś metoda pozwalająca zharmonizować i wykroczyć poza fragmentaryczne postrzeganie świata, wynikające z nadmiernej specjalizacji typowej dla naszej epoki.

Owa szersza perspektywa – którą już w starożytności odkryli założyciele wielkich tradycji duchowych na całym świecie i której przebłyski całkiem niedawno dostrzegli pionierscy naukowcy naszych czasów – ujawnia, że zarówno u podstaw nauki, jak i religii tkwią uniwersalne prawa rządzące całym stworzeniem. „Nauka

---

3 „Porządek kosmiczny, który podtrzymuje wszechświat, nie jest czymś różnym od ładu moralnego, władcy naszego przeznaczenia" – pisał Paramahansa Jogananda. Nauka współczesna coraz bardziej potwierdza skuteczność prastarych indyjskich metod równoważenia i harmonizowania ludzkiej świadomości, tak aby współgrała ona z prawami kosmosu. Świadczy o tym niedawny komentarz profesora Briana D. Josephsona, zdobywcy Nagrody Nobla w dziedzinie fizyki: „W wedancie i sankhji [systemach filozofii hinduskiej, na których opiera się praktyka jogi] znajduje się klucz do praw rządzących psychiką i procesami myślowymi. Procesy te są skorelowane z polem kwantowym, to jest sposobem działania i rozkładem cząstek na poziomie atomowym i molekularnym".

widzi prawdę jedynie z zewnątrz" - powiedział Paramahansa
Jogananda. – „Metafizyka zaś patrzy na nią tak z zewnątrz, jak
i od wewnątrz. Oto dlaczego się ze sobą spierają. Jednakże dusze urzeczywistnione, znające się i na nauce, i na metafizyce, nie
widzą w nich żadnych sprzeczności. Dostrzegają one paralelizm
nauki i prawdy, ponieważ widzą cały obraz".

Dzieło życia Paramahansy Joganandy[4] polegało na pokaza-
niu, jak każdy z nas może przekształcić wizję harmonii – z czysto
intelektualnej możliwości – w bezpośrednio osobiste doświadczenie codziennego życia. Ten na skalę światową nauczyciel
przyniósł Zachodowi w roku 1920 pradawną naukę jogicznej
medytacji[5] i całe swoje życie poświęcił tworzeniu trwałych więzi
porozumienia duchowego między Wschodem a Zachodem oraz
niesieniu pomocy innym, uświadamiając im jakie niewyczerpane
wewnętrzne zasoby spokoju, miłości i radości posiada w sobie
każdy człowiek.

W *Tam, gdzie Światło* znajdujemy jedynie skromną próbkę
nauk mistrza. Różnorodność barw, jakimi mienią się jej treści,
odzwierciedla rozległy zakres źródeł, z których zostały zaczerp-
nięte. Niektóre ustępy pochodzą z wykładów publicznych Śri
Joganandy, inne to zapis jego nieformalnych rozmów w niewiel-
kim gronie uczniów i przyjaciół. Do tego dołączyliśmy wybrane
fragmenty jego utworów.

Bardziej wyczerpujące omówienie zasad, o których mowa
w niniejszym tomiku, można znaleźć w publikacjach wymie-
nionych na stronie xxx. Książeczka *Tam, gdzie Światło* może

4   Zob. „O Autorze", s. 215-217.
5   Zob. *joga* w Słowniczku.

posłużyć jako wprowadzenie do filozofii i ideałów duchowych Paramahansy Joganandy dla tych czytelników, którzy ich nie znają. Tym wszystkim zaś, co już rozpoczęli podróż ku Źródłu tego światła, ofiarowujemy niniejszą kompilację w charakterze podręcznego kompendium duchowych porad, gdzie znajdą jedyne w swoim rodzaju bogactwo mądrości i natchnień przydatnych w życiu codziennym.

Self-Realization Fellowship

Tam, gdzie ŚWIATŁO

ROZDZIAŁ 1

Nasz nieskończony potencjał

Kiedy zaczynamy pojmować, jaką złożoną istotą jest człowiek, uświadamiamy sobie, że nie jest on jedynie ciałem fizycznym. W jego wnętrzu kryją się moce, których potencjał wykorzystuje on w mniejszym lub większym stopniu do przystosowania się do warunków tego świata. Potencjał ten jest o wiele większy, niż sądzi o nim przeciętna osoba.

❖ ❖ ❖

Źródłem światła w każdej niewielkiej żarówce jest potężny, dynamiczny prąd; każda najmniejsza fala wyłania się z bezkresnego oceanu, który przekształca się w niezliczone fale. Tak samo jest i z ludźmi. Bóg stworzył każdego człowieka na swoje podobieństwo[1] i dał każdemu wolność. Ale wy zapominacie o Źródle waszego istnienia i niezrównanej mocy Bożej, która jest nieodłączną częścią was. Możliwości tego świata są nieograniczone; potencjał rozwoju ludzkiego jest nieograniczony.

❖ ❖ ❖

Każdy człowiek jest wyrazem wielkiego, bezkresnego Ducha. Skoro jesteśmy przejawem Ducha, powinniśmy starać się wyrażać swoje nieskończone możliwości.

❖ ❖ ❖

[1] Ks. Rodzaju 1:27

1

To, czym jesteś, jest znacznie większe od tego czego kiedykolwiek w życiu pragnąłeś; Bóg przejawia się w tobie w taki sposób, w jaki nie przejawia się żadnej innej ludzkiej istocie. Twoja twarz jest niepodobna do żadnej innej, twoja dusza jest niepodobna do żadnej innej, jesteś sam w sobie samowystarczalny, ponieważ w twojej duszy kryje się największy skarb ze wszystkich – Bóg.

❖ ❖ ❖

Wszyscy wielcy nauczyciele głoszą, że wewnątrz tego ciała znajduje się nieśmiertelna dusza, iskra Tego, który wszystko podtrzymuje.

❖ ❖ ❖

Skąd pochodzi nasza prawdziwa osobowość? Pochodzi ona od Boga. On jest Absolutną Świadomością, Absolutnym Istnieniem i Absolutną Szczęśliwością. [...] Koncentrując się wewnątrz siebie, możesz bezpośrednio odczuwać boską szczęśliwość duszy w sobie, a także w świecie. Jeśli potrafisz trwać w tej świadomości, to rozwiniesz swoją zewnętrzną osobowość i staniesz się atrakcyjną osobą dla wszystkich. Dusza stworzona jest na podobieństwo Boga; kiedy więc utwierdzimy się w świadomości duchowej, to nasza osobowość zacznie odzwierciedlać Jego dobroć i piękno. To jest twoja prawdziwa osobowość. Wszelkie inne cechy, które przejawiasz, są niczym przeszczepy – nie są one naprawdę „tobą".

❖ ❖ ❖

Analizuj siebie: coś w tobie stale popycha cię do poszukiwania owego „czegoś jeszcze", czego na pozór brakuje w twoim

życiu. W wewnętrznej naturze wszystkich ludzi leży głęboko zakorzeniona potrzeba osiągnięcia czegoś. Dlaczego? Ponieważ od-
padliśmy od Ojcowskiej piersi. Odeszliśmy od naszego wiecznego
domu w Bogu i pragniemy odzyskać tę utraconą doskonałość.

❖ ❖ ❖

Dusza jest absolutnie doskonała, ale kiedy utożsamia się
z ciałem jako ego[2], to jej wyraz zostaje zniekształcony przez
ludzkie niedoskonałości [...]. Joga uczy nas poznawania boskiej
natury w sobie oraz w innych. Dzięki medytacji jogi możemy
dowiedzieć się, że jesteśmy bogami.[3]

❖ ❖ ❖

Nie możemy dostrzec wyraźnie odbicia księżyca we wzbu-
rzonej wodzie, ale kiedy powierzchnia wody jest spokojna, wtedy
pojawia się doskonałe odbicie księżyca. Podobnie jest i z umysłem: kiedy jest spokojny, to można w nim dostrzec wyraźnie
księżycowe oblicze duszy. Jako dusze jesteśmy odzwierciedleniem
Boga. Stosowanie technik[4] medytacji pozwala nam wycofać nie-

2   Zob. *ego* w Słowniczku.
3   „Ja rzekłem: Jesteście bogami i wszyscy – synami Najwyższego" (Ks.
    Psalmów 82:6). „Czyż nie napisano w waszym Prawie: Ja rzekłem: Bogami
    jesteście?" (Jan 10:34).
4   „Zatrzymajcie się i uwierzcie, że Ja jestem Bogiem" (Ks. Psalmów 46:10).
    Naukowe techniki medytacji jogi, które umożliwiają wyciszenie i interioryza-
    cję świadomości oraz postrzeganie obecności Boga w sobie, nauczane są przez
    Paramahansę Joganandę w *Lekcjach Self-Realization Fellowship*, obszernej serii
    wykładów przeznaczonych do studiowania w domu, zebranych z jego warsz-
    tatów i wykładów. Można je zakupić w Międzynarodowej Siedzibie Głównej
    Self-Realization Fellowship.

spokojne myśli z jeziora umysłu; postrzegamy wtedy naszą duszę, doskonałe odzwierciedlenie Ducha, i uświadamiamy sobie,
że dusza i Bóg to Jedno.

❖ ❖ ❖

Poznanie Jaźni[5] to zrozumienie – w ciele, umyśle i duszy – że
jesteśmy w jedni z wszechobecnością Boga; że nie musimy modlić
się o to, żeby ona do nas przyszła, że nie tylko jesteśmy zawsze
blisko niej, ale że Boża wszechobecność jest naszą wszechobecnością, że jesteśmy częścią Jego tak samo teraz jak i zawsze. To, co
musimy zrobić, to zwiększyć naszą wiedzę.

❖ ❖ ❖

Skoncentruj się wewnętrznie[6]. Odczujesz nową moc, nową
siłę, nowy spokój – w ciele, w umyśle i duszy [...]. Poprzez obcowanie z Bogiem odmienisz swój status człowieka doczesnego
na status człowieka nieśmiertelnego. Kiedy to uczynisz, wszystkie
krępujące cię więzy zostaną zerwane.

❖ ❖ ❖

Kryją się w tobie pokłady niezbadanej mocy. Używasz tej
mocy nieświadomie we wszystkim, co robisz, i osiągasz pewne
rezultaty, ale jeśli nauczysz się, jak świadomie kontrolować i wykorzystywać swoje wewnętrzne moce, to będziesz mógł osiągnąć
znacznie więcej.

[5] Patrz *Jaźń* w Słowniczku.]
[6] „I nie powiedzą: Oto tu jest albo: Tam. Oto bowiem królestwo Boże pośród
was jest" (Łk 17:21).

❖ ❖ ❖

Niewielu ludzi na tym świecie stara się świadomie rozwijać potencjał ciała, umysłu i duszy. Pozostali to ofiary dawnych wydarzeń. Mozolnie brną oni naprzód, pchani przez złe nawyki z przeszłości, co sprawia, że bezradni upadają, pamiętając jedynie: „Jestem nerwowym człowiekiem" albo „Jestem słabeuszem", lub „Jestem grzesznikiem", i tak dalej.

To od nas samych zależy, czy przetniemy mieczem mądrości więzy naszego zniewolenia, czy pozostaniemy dalej niewolnikami.

❖ ❖ ❖

Jedną z iluzji życia jest kontynuowanie bezradnego żywota. Skoro tylko powiesz, „To nie ma sensu", to tak się też dzieje [...]. Myślenie, że nie możesz się zmienić, jeśli tego chcesz, jest złudzeniem.

❖ ❖ ❖

Nasze małe umysły są częścią wszechmocnego umysłu Boga. Poniżej fali naszej świadomości znajduje się nieskończony ocean Jego świadomości. To dlatego, że fala zapomina, iż jest częścią Oceanu, zostaje ona oddzielona od oceanicznej mocy. Na skutek tego nasze umysły osłabione zostały przez nasze doświadczenia i materialne ograniczenia. Umysł przestał pracować. Będziesz zaskoczony, jak wiele będzie mógł on dokonać, kiedy zrzucisz więzy, które nań nałożyłeś.

❖ ❖ ❖

Po cóż ograniczać swoje możliwości, tak jak radzi [angielskie] przysłowie: „Nie odgryzaj więcej niż możesz przeżuć". Ja wierzę, że powinieneś ugryźć więcej, niż możesz przeżuć – a następnie przeżuwaj!

❖ ❖ ❖

Umysł jest jak elastyczna taśma. Im bardziej go naciągasz, tym bardziej się rozciąga. Elastyczny umysł nigdy się nie przerwie. Za każdym razem, kiedy czujesz się czymś ograniczony, zamknij oczy i powiedz sobie: „Jestem nieskończony", a zobaczysz, jaką posiadasz moc.

❖ ❖ ❖

Kiedy mówicie mi, że nie możecie zrobić tego czy tamtego, nie wierzę w to. Jeśli coś postanowicie zrobić, to zdołacie to zrobić. Bóg jest łączną sumą wszystkiego, a Jego wizerunek jest w was. On może zrobić wszystko, tak więc i wy też możecie, jeśli nauczycie się utożsamiać z Jego niewyczerpalną naturą.

❖ ❖ ❖

Nie patrz na siebie jak na słabego śmiertelnika. W twoim umyśle kryją się niesamowite ilości energii; jest jej wystarczająco dużo w jednym gramie ciała, żeby zaopatrzyć w energię miasto Chicago na dwa dni.[7] A ty mówisz, że jesteś zmęczony?

❖ ❖ ❖

---

[7]   Stulecia wcześniej, zanim współcześni naukowcy udowodnili równorzędność materii i energii, indyjscy mędrcy głosili, że materia w każdej postaci daje się zredukować do wzorców energii. Patrz *prana* w Słowniczku.

Bóg uczynił nas aniołami energii, zamkniętymi w ciele stałym – świetlistymi prądami życia przepływającymi poprzez materialną żarówkę ciała. Na skutek jednak koncentrowania się na słabości i kruchości cielesnej żarówki, zapomnieliśmy, jak odczuwać nieśmiertelne, niezniszczalne właściwości wiecznej energii życiowej wewnątrz ulegającego zmianom ciała.

❖ ❖ ❖

Kiedy wybiegasz poza świadomość tego świata, wiedząc, że nie jesteś ciałem ani umysłem, a mimo to, tak jak nigdy dotąd, jesteś świadom tego, że istniejesz – ta boska świadomość jest tym, czym jesteś. Jesteś Tym, w czym zakorzenione jest wszystko we wszechświecie.

❖ ❖ ❖

Wszyscy jesteście bogami. Gdybyście to tylko wiedzieli! Za falą waszej świadomości znajduje się morze Boskiej obecności. Musicie spojrzeć do wewnątrz. Nie skupiajcie się na małej fali ciała z jego słabościami, spójrzcie głębiej [...]. Kiedy wzniesiecie waszą świadomość ponad ciało i jego doświadczenia, to odkryjecie, że ta sfera [waszej świadomości] wypełniona jest wielką radością i szczęśliwością, która rozświetla gwiazdy i daje moc wiatrom i burzom. Bóg jest źródłem wszystkich naszych radości i wszelkich przejawów natury [...].

Przebudźcie się z mroku niewiedzy. Zamknęliście oczy w śnie ułudy.[8] Przebudźcie się! Otwórzcie oczy i ujrzyjcie chwałę Boga – ogromną przestrzeń Boskiego światła roztaczającego się

8 Patrz *maja* w Słowniczku.

nad wszystkim. Mówię wam, żebyście byli boskimi realistami, a znajdziecie odpowiedź na wszystkie pytania w Bogu.

———•◦•———

AFIRMACJE [9]

Jestem zanurzony w wiekuistym świetle. Przenika ono każdą cząstkę mojego jestestwa. Żyję w tym świetle. Boski Duch napełnia mnie od środka i na zewnątrz.

❖ ❖ ❖

Ojcze, przerwij granice maleńkich fal mojego życia, abym mógł połączyć się z oceanem Twego bezmiaru.

[9] Instrukcje jak używać afirmacji, podane są na stronach 39-43.

ROZDZIAŁ 2

Siła w czasach przeciwności losu

Wszystko to, co Pan stworzył, ma na celu wypróbowanie nas, ujawnienie głęboko ukrytej w nas nieśmiertelnej duszy. Jest to naszą życiową przygodą, jedynym celem życia. A przygoda każdego z nas jest inna, wyjątkowa. Powinniście być przygotowani na to, by za pomocą rozsądnych metod i wiary w Boga radzić sobie z wszelkimi problemami zdrowia, umysłu i duszy, wiedząc, że w życiu czy po śmierci, wasze dusze pozostają niepokonane.

❖ ❖ ❖

Nie daj się ujarzmić życiu. Ujarzmij życie! Jeśli masz silną wolę, to potrafisz przezwyciężyć wszystkie trudności. Nawet w czasie ciężkich prób afirmuj: „Niebezpieczeństwo i ja narodziliśmy się razem, lecz ja jestem bardziej niebezpieczny niż niebezpieczeństwo!". Jest to prawda, którą każdy zawsze powinien pamiętać; stosuj się do niej, a zobaczysz, że działa. Nie zachowuj się jak zastraszony śmiertelnik. Jesteś dzieckiem Bożym!

❖ ❖ ❖

Wielu obawia się życiowych problemów. Ja nigdy się ich nie obawiałem, bo zawsze modliłem się: „Panie niechaj Twa moc wzrasta we mnie. Utrzymuj mnie w pozytywnej świadomości, że z Twoją pomocą mogę zawsze pokonać moje trudności".

❖ ❖ ❖

Skoro jesteście stworzeni na podobieństwo Boga, to wiara w to, że wasze doświadczenia są za trudne, aby boska moc w was mogła je przezwyciężyć, jest nieprawdą. Pamiętajcie, że bez względu na to, jakie są wasze próby, nie jesteście zbyt słabi, żeby walczyć. Bóg nie ześle wam więcej pokus, niż jesteście w stanie znieść.

❖ ❖ ❖

Święty Franciszek doświadczył więcej trudności niż możecie sobie wyobrazić, ale się nie poddał. Dzięki sile umysłu pokonał każdą przeszkodę i zjednoczył się z Panem Wszechświata. Czemuż i wy nie moglibyście być równie niezłomni?

❖ ❖ ❖

Wykorzystuj każdą próbę, która do ciebie przychodzi, jako szansę rozwoju samego siebie. Kiedy doświadczasz trudności i życiowych prób, to zwykle się buntujesz: „Dlaczego mnie się to przydarza?". Zamiast tego, powinieneś myśleć o każdej próbie jako o kilofie, którym wkopujesz się w glebę swojej świadomości, aby uwolnić kryjące się wewnątrz źródło duchowej mocy. Każdy sprawdzian powinien ujawnić ukrytą moc, która kryje się w tobie, dziecku Bożym, stworzonym na Jego obraz.

❖ ❖ ❖

Ucieczka od problemów może wydawać się najłatwiejszym rozwiązaniem. Ale zdobywasz siłę jedynie wtedy, gdy mierzysz się z silnym przeciwnikiem. Ten, kto nie napotyka trudności, nie rozwija się.

❖ ❖ ❖

Życie bez problemów nie byłoby życiem – pozbawieni bylibyśmy bodźców do doskonalenia się i rozwijania swojego boskiego potencjału.

❖ ❖ ❖

Być prawdziwie zwycięskim to odnieść zwycięstwo nad sobą – pokonać ograniczoną świadomość i rozwinąć bezgraniczne moce duchowe. Możesz zajść tak daleko, jak chcesz, pokonać wszystkie ograniczenia i wieść nadzwyczaj zwycięskie życie. Uwolnij się z umysłowej celi niewiedzy, w której jesteś zamknięty. Myśl inaczej.

❖ ❖ ❖

Myślowym mieczem mądrości przetnij okowy umysłu, które cię więżą. Życie jest walką i musisz walczyć, aby odnosić zwycięstwa. Któż może cię powstrzymać przed myśleniem, że jesteś bogiem? Nikt. Ty sam stanowisz dla siebie jedyną przeszkodę.

❖ ❖ ❖

Jeśli chcesz znaleźć trwałe szczęście, musisz przestać myśleć, że jesteś istotą śmiertelną. Praktykuj tę prawdę w codziennym życiu.

❖ ❖ ❖

Uśmiechaj się do świata z głębi duszy [...]. Naucz się być szczęśliwym na zawołanie i utrzymywać to wewnętrzne szczęście bez względu na to, co się dzieje. Niektórych przygniatają próby, przez które przechodzą; inni uśmiechają się pomimo trudności. Ci, którzy są niezwyciężeni w duchu, odnoszą prawdziwe sukcesy w życiu.

❖ ❖ ❖

Kiedy moje próby stają się bardzo ciężkie, to najpierw poszukuję zrozumienia w samym sobie. Nie obwiniam okoliczności ani nie próbuję korygować kogokolwiek. Najpierw patrzę w siebie. Próbuję oczyścić twierdzę mojej duszy, aby usunąć wszystko, co blokuje wszechpotężną, wszechmądrą ekspresję duszy. Taka droga przynosi sukces życiowy.

❖ ❖ ❖

Kłopoty i choroby są dla nas lekcją. Nasze bolesne doświadczenia nie są po to, żeby nas zniszczyć, ale żeby wypalić w nas to, co złe, by przyśpieszyć nasz powrót do Domu. Nikt bardziej nie martwi się o nasze wyzwolenie niż Bóg.

❖ ❖ ❖

Dymna zasłona ułudy zstąpiła pomiędzy nas i Boga, i jest Mu przykro, że utraciliśmy z Nim kontakt. Nie jest On szczęśliwy widząc, że Jego dzieci tak bardzo cierpią – umierając pod spadającymi bombami, od straszliwych chorób oraz złych nawyków życiowych. On nad tym ubolewa, bo nas kocha i chce, żebyśmy do Niego wrócili. Gdybyś tylko wieczorem uczynił wysiłek, żeby medytować i być razem z Nim! On tak dużo o tobie myśli. Nie opuścił cię. To ty opuściłeś sam Siebie.

❖ ❖ ❖

Kiedy potraktujesz swoje doświadczenia życiowe jak nauczyciela i dowiesz się z nich o prawdziwej naturze świata, i o swojej w nim roli, to te doświadczenia staną się wartościowym przewodnikiem do wiecznego spełnienia i szczęścia.

❖ ❖ ❖

W pewnym sensie nieszczęście jest twoim najlepszym przyjacielem, ponieważ popycha cię do poszukiwania Boga. Kiedy zaczniesz widzieć wyraźnie niedoskonałości świata, wtedy rozpoczniesz poszukiwanie doskonałości Boga. Prawda jest taka, że Bóg używa zła nie po to, żeby nas zniszczyć, ale po to, żebyśmy rozczarowani Jego zabawkami, rozrywkami tego świata, mogli poszukiwać Jego.

❖ ❖ ❖

Przygnębienie jest jedynie cieniem ręki Boskiej Matki,[1] którą wyciąga Ona do ciebie pieszczotliwie. Nie zapominaj o tym. Czasem, kiedy Matka zamierza cię pogłaskać, to Jej ręka rzuca cień, zanim cię dotknie. Zatem, kiedy pojawiają się trudności, nie sądź, że Ona cię karze; Jej ręka rzucająca na ciebie cień niesie pewne błogosławieństwo, jako że wyciąga ją Ona, aby przyciągnąć cię bliżej do siebie.

❖ ❖ ❖

---

[1] Święte pisma Indii nauczają, że Bóg jest zarówno osobowy, jak i bezosobowy, immanentny, jak i transcendentalny. Ludzie z Zachodu, którzy poszukują Boga, tradycyjnie odnoszą się do Niego w Jego osobowym aspekcie, jako do Ojca. W Indiach koncepcja Boga jako kochającej, współczującej Matki Wszechświata jest szeroko rozpowszechniona. Zob. *Boska Matka* w Słowniczku.

Cierpienie jest dobrym nauczycielem dla tych, którzy uczą się od niego chętnie i szybko. Staje się ono jednak tyranem dla tych, którzy się opierają i oburzają. Cierpienie może nas nauczyć prawie wszystkiego. Jego lekcje nakłaniają nas do rozwijania mocy rozróżniania, do samokontroli, nieprzywiązywania się, moralności i transcendentnej duchowej świadomości. Na przykład, ból brzucha mówi nam, żebyśmy nie jedli za dużo i zwracali uwagę na to, co jemy. Ból po utracie dóbr materialnych lub ukochanej osoby przypomina nam o doczesnej naturze wszystkiego na tym złudnym świecie. Konsekwencje złych uczynków zmuszają nas do większego rozeznania. Czemuż nie uczyć się poprzez mądrość? Wówczas nie będziemy narażać się na niepotrzebnie bolesną dyscyplinę surowego nadzorcy cierpień.

❖ ❖ ❖

Cierpienie spowodowane jest przez nadużywanie wolnej woli. Bóg dał nam zdolność zaakceptowania bądź odrzucenia Go. Nie chce On, żebyśmy napotykali nieszczęścia, ale nie będzie interweniował, kiedy wybieramy działania, które prowadzą do nieszczęść.

❖ ❖ ❖

Wszystkie przyczyny słabego zdrowia lub nagłego niepowodzenia finansowego czy innych problemów, które spadają na ciebie bez ostrzeżenia i bez twojej wiedzy dlaczego tak się dzieje, zostały stworzone przez ciebie w przeszłości, w tym lub w poprzednich wcieleniach, i po cichu kiełkowały w twojej świadomości [...].[2] Nie obwiniaj Boga ani nikogo innego za swoje cierpienia z powodu choroby, problemów finansowych, załamań emocjonalnych. Sam stworzyłeś przyczynę problemu w przeszłości i musisz wykazać się większą determinacją, aby ją teraz wykorzenić.

❖ ❖ ❖

Zbyt wielu niewłaściwie interpretuje znaczenie karmy [3], przyjmując wobec niej postawę fatalistyczną. Nie musisz akceptować karmy. Jeśli powiem ci, że ktoś za tobą stoi, gotowy cię uderzyć, dlatego że ty go kiedyś uderzyłeś, a ty potulnie powiesz, „No cóż, to moja karma", i zaczekasz, aż cię uderzy, to z pewnością otrzymasz cios! Czemu nie spróbujesz go ułagodzić? Uspokajając go, może będziesz mógł umniejszyć jego rozgoryczenie i usunąć pragnienie uderzenia ciebie.

❖ ❖ ❖

Skutki działań ranią o wiele słabiej, gdy nie pozwalasz umysłowi, żeby im się poddał. Pamiętaj o tym. Możesz również się im oprzeć, przeciwstawiając złym skutkom działań z przeszłości dobre skutki obecnych dobrych działań, przez co zapobiegniesz wytworzeniu się środowiska sprzyjającego zaowocowaniu złej karmy.

2   Reinkarnacja, ewolucyjna podróż duszy z powrotem do Boga, umożliwia wielokrotne szanse rozwoju, osiągnięć i spełnienia, których nie da się zrealizować w jednym krótkim okresie życia naszej ziemskiej egzystencji. Zob. Słowniczek.

3   Rezultaty uczynków z przeszłości, którymi rządzi prawo przyczyny i skutku: „A co człowiek sieje, to i żąć będzie" (List do Galatów 6:7). Zob. Słowniczek.

❖ ❖ ❖

Kiedy poznajesz siebie jako dziecko Boże, to jaką masz karmę? Bóg nie ma karmy i ty nie masz żadnej, kiedy *wiesz,* że jesteś Jego dzieckiem. Codziennie powinieneś afirmować: „Nie jestem śmiertelnikiem; nie jestem ciałem. Jestem dzieckiem Boga". W ten sposób praktykujesz przebywanie w obecności Boga. Bóg jest wolny od karmy. Jesteś stworzony na jego podobieństwo. Jesteś również wolny od karmy.

❖ ❖ ❖

Nie pozwól, żeby ktokolwiek mówił ci, że twoje cierpienie lub problemy są twoją karmą. Ty [dusza] nie masz karmy. Śankara[4] powiedział: „Jestem jednym z Duchem, jestem Nim". Jeśli *poznasz* tę prawdę, to jesteś bogiem. Jeśli jednak będziesz nieustannie w myślach afirmował: „Jestem bogiem", a głęboko w duszy myślał: „Ale wydaje mi się, że jestem śmiertelnikiem", to jesteś śmiertelnikiem. Jeśli *wiesz,* że jesteś bogiem, jesteś wolny.

❖ ❖ ❖

„Nie wiecie, że jesteście świątynią Boga, a Duch Boży mieszka w was?"[5]. Jeśli oczyścisz i poszerzysz swój umysł dzięki medytacji, i przyjmiesz Boga do swojej świadomości, to ty także będziesz wolny od złudzeń jakimi są choroby, ograniczenia i śmierć.

❖ ❖ ❖

---

[4] Swami Śankara był jednym z najwybitniejszych indyjskich filozofów. Nie ma pewności co do daty jego narodzin, wielu uczonych zalicza go do ósmego lub początku dziewiątego wieku naszej ery.

[5] List do Koryntian 3:16.

Jeśli chcesz wznieść się ponad karmę, to postaraj się wcielić w życie następujące trzy prawdy: (1) *Gdy umysł jest silny, a serce czyste, jesteś wolny.* To umysł łączy cię z bólem w ciele. Gdy masz czyste myśli i jesteś silny psychicznie, to nie możesz ponosić bolesnych skutków złej karmy. Stwierdziłem, że jest to bardzo optymistyczne. (2) *W podświadomym śnie jesteś wolny.* (3) *Gdy jesteś w ekstazie*[6]*, utożsamiony z Bogiem, to nie masz karmy.* To dlatego święci mówią: „Módlcie się nieustannie". Gdy modlisz się nieustannie i medytujesz, to wkraczasz w krainę nadświadomości, tam gdzie nie mogą cię dosięgnąć żadne kłopoty.

❖ ❖ ❖

Tymi metodami możesz natychmiast uwolnić się od karmy. Zawsze, gdy prześladują cię problemy związane z karmą, kładź się spać. Albo utrzymuj czyste myśli i uczyń umysł odpornym jak stal, mówiąc do siebie: „Jestem ponad to wszystko". Albo najlepiej, w głębokiej medytacji, wejdź w boski stan nadświadomości. Szczęśliwość tej świadomości jest naturalnym stanem twej duszy, ale zapomniałeś o swojej prawdziwej naturze wskutek długiego utożsamiania się z ciałem. Ten niezakłócony, niebiański stan duszy trzeba na nowo odzyskać.

❖ ❖ ❖

[6] Wyższy stan świadomości, w którym uzyskujemy bezpośrednie doświadczenie Boga. Stan świadomy to świadomość ciała oraz jego zewnętrznego środowiska. Stan podświadomy to stan umysłu działającego we śnie i biorącego udział w takich mentalnych procesach jak pamięć. Nadświadomość to transcendentny wyższy umysł lub duchowa świadomość duszy. Zob. *samadhi* Słowniczek.

Naturą duszy [jako zindywidualizowanego Ducha] jest szczęśliwość: trwały wewnętrzny stan wciąż nowej, nieustannie zmieniającej się radości. Ta szczęśliwość daje niewygasającą radość temu, kto ją osiągnie, nawet jeśli przechodzi on przez próby fizycznego cierpienia lub śmierci.

❖ ❖ ❖

Materialne środki zaradcze – lekarstwa, wygody fizyczne, pocieszenie – mają swoje znaczenie przy usuwaniu bólu, ale najlepszym środkiem jest praktykowanie *krija-jogi*[7] oraz afirmacja, że jest się w jedności z Bogiem. Jest to panaceum na każdy problem, ból i żałobę – droga do uwolnienia się od wszelkiej indywidualnej i zbiorowej karmy[8].

———————•◦•———————

AFIRMACJE

Wiem, że moc Boża jest nieograniczona; i jako że jestem stworzony na Jego podobieństwo, ja także mam siłę do pokonania wszystkich przeszkód.

[7] Naukowa technika zinterioryzowanego obcowania z Bogiem. Nauka *krija-jogi* została wytłumaczona w *Autobiografii jogina* napisanej przez Paramahansę Joganandę. Zob. Słowniczek.

[8] Łączne ludzkie działania w obrębie społeczności, narodów lub świata jako całości składają się na zbiorową karmę, która wywołuje lokalne albo dalekosiężne skutki, w zależności od stopnia i przewagi dobra lub zła. Zatem myśli i uczynki każdej jednostki przyczyniają się do dobra lub zła tego świata i wszystkich żyjących na nim ludzi.

Siła w czasach przeciwności losu

❖ ❖ ❖

Drogi Ojcze, bez względu na to, jakie napotykam sytuacje, wiem, że są one kolejnym krokiem w moim rozwoju. Przyjmę z chęcią wszystkie próby, wiem bowiem, że jest we mnie inteligencja, aby rozumieć, i moc, aby zwyciężać.

ROZDZIAŁ 3

Naucz się medytować

Medytacja: najbardziej praktyczna wiedza naukowa

Medytacja jest nauką urzeczywistniania Boga.[1] Jest to najbardziej praktyczna nauka na świecie. Większość ludzi chciałaby medytować, gdyby rozumiała jej wartość i doświadczyła jej dobroczynnych skutków. Ostatecznym celem medytacji jest uzyskanie świadomego doznawania Boga i odczuwanie wiecznej jedności duszy z Nim. Jakież osiągnięcie mogłoby być sensowniejsze i użyteczniejsze niż podłączenie ograniczonych ludzkich zdolności do wszechobecności i wszechmocy Stwórcy? Urzeczywistnienie Boga obdarza medytującego dobrodziejstwami spokoju, miłości, radości, mocy i mądrości Pana.

❖ ❖ ❖

W medytacji stosuje się najwyższą formę koncentracji. Koncentracja polega na wycofaniu uwagi z przyciągających ją przedmiotów i skupieniu jej na interesującej nas myśli. Medytacja jest specyficzną formą koncentracji, dzięki której uwaga uwalnia

---

[1] W tym rozdziale przedstawione jest wprowadzenie do nauki medytacji wykładanej przez Paramahansę Joganandę. Pełny zestaw technik, które przekazał – krok po kroku naukę *krija-jogi* dotyczącą koncentracji i medytacji – podany jest w opublikowanych *Lekcjach Self-Realization Fellowship*. Zob. s. 220.

się z niepokoju i skupiona zostaje na Bogu. Medytacja jest zatem koncentracją używaną do poznania Boga.

Wstępne instrukcje

Usiądź na krześle z prostym oparciem albo w siadzie skrzyżnym na płaskiej i stabilnej powierzchni. Trzymaj plecy prosto, a podbródek równolegle do ziemi.

❖ ❖ ❖

Jeśli przyjąłeś poprawną pozycję, to ciało będzie stabilne, ale rozluźnione, tak że zdołasz siedzieć zupełnie nieruchomo, ani drgnąwszy. Taki bezruch, bez niespokojnych ruchów ciała i poprawiania pozycji, jest niezbędny do uzyskania głębokiego stanu medytacyjnego.

❖ ❖ ❖

Mając oczy na wpół przymknięte (albo całkowicie zamknięte, jeśli tak ci wygodniej), spójrz w górę tak, jakbyś patrzył na zewnątrz przez punkt między brwiami. (Osoba w głębokiej medytacji często ściąga brwi w tym miejscu).

Nie zezuj ani nie wysilaj wzroku; patrzenie w górę przychodzi naturalnie, kiedy jest się rozluźnionym i spokojnie skoncentrowanym. Najważniejsze jest skupienie *całej uwagi* w punkcie między brwiami.

Jest to ośrodek Świadomości Chrystusowej, siedziba jednego oka, o którym mówił Chrystus: „Światłem ciała jest oko. Jeśli tedy oko twoje jest zdrowe, całe ciało twoje jasne będzie" (Mt 6:22).

Gdy cel medytacji zostaje osiągnięty, cała świadomość wielbiciela automatycznie skupia się w duchowym oku i doświadcza on, zależnie od swojej wewnętrznej zdolności duchowej, stanu radosnego, boskiego złączenia z Duchem.

Wstępne ćwiczenie oddechowe

Gdy już siedzisz w pozycji medytacyjnej opisanej powyżej, to następnym krokiem przygotowawczym do medytacji będzie pozbycie się z płuc zalegającego tam dwutlenku węgla, który powoduje niepokój.

Wypuść powietrze przez usta wydychając dwa razy: hah, hahhhh. (Dźwięk ten towarzyszy jedynie wydechowi, nie używaj głosu.)

Następnie zrób głęboki wdech przez nos i napręż całe ciało, licząc do sześciu.

Zrób dwa razy wydech przez usta: hah, hahhhh, rozluźniając się.

Powtórz to trzy razy.

❖ ❖ ❖

Pierwszym krokiem prowadzącym do wejścia do królestwa Bożego jest przyjęcie nieruchomej, poprawnej pozycji medytacyjnej, w której kręgosłup jest wyprostowany, a ciało naprężone i rozluźnione – bo dzięki rozluźnieniu świadomość uwalnia się z mięśni.

Jogin zaczyna od właściwego, głębokiego oddychania, podczas wdechu napinając całe ciało, a podczas wydechu rozluźniając je, i tak kilka razy. Z każdym wydechem należy się pozbywać całego napięcia i ruchu mięśni, aż ciało stanie się zupełnie nieruchome.

Potem, stosując techniki koncentracji, usuwa się niespokojny ruch umysłu. W doskonałym bezruchu ciała i umysłu jogin doznaje nieopisanego spokoju obecności duszy.

Ciało jest świątynią życia; umysł jest świątynią światła; dusza jest świątynią spokoju. Im głębiej wchodzi się w duszę, tym większy odczuwa się spokój; na tym polega stan nadświadomości. Kiedy dzięki głębokiej medytacji uczeń doznaje coraz większego spokoju i czuje, jak jego świadomość rozszerza się wraz z tym spokojem na cały wszechświat, tak że wszystkie istoty i całe stworzenie się w nim zatapiają, to wchodzi wtedy w Świadomość Kosmiczną. Czuje spokój wszędzie – w kwiatach, w każdym człowieku, w atmosferze. Ogląda ziemię i wszystkie światy, jak unoszą się niby bańki na oceanie spokoju.

Wewnętrzny spokój odczuwany z początku przez ucznia w medytacji to spokój jego własnej duszy; niezmierzony spokój, który czuje wchodząc głębiej, to Bóg. Wielbiciel, który doświadcza jedności ze wszystkim, wprowadził Boga do świątyni swej nieskończonej wewnętrznej percepcji.

Skoncentruj się na spokoju i radości duszy

Pozostań spokojny [...]. Pożegnaj się ze światem zmysłów – wzrokiem, słuchem, węchem, smakiem i dotykiem – i zatop się w sobie, tam gdzie znajduje wyraz twoja dusza [...].

Odsuń od siebie wszystkie doznania cielesne, odsuń wszystkie niespokojne myśli. Skoncentruj się na myśli o spokoju i radości.

❖ ❖ ❖

Drzwi do królestwa niebieskiego znajdują się w subtelnym ośrodku transcendentnej świadomości w punkcie między brwiami. Skupiając uwagę w tym miejscu nabierzesz potężnej siły duchowej i otrzymasz duchową pomoc. Poczuj, jak twoja świadomość rozszerza się w boską świadomość. Poczuj, że nie ma barier, nie ma przywiązania do ciała, a ty wchodzisz coraz głębiej w królestwo Boże, do którego wejście znajduje się w trzecim oku.[2]

Módl się ze mną: „Ojcze Niebieski, otwórz moje duchowe oko, abym mógł wejść do Twego królestwa wszechobecności. Ojcze, nie zostawiaj mnie w tym doczesnym świecie niedoli; prowadź mnie z ciemności do światła, ze śmierci do nieśmiertelności, z niewiedzy do niezmierzonej mądrości, ze smutku do wiecznej radości".

Głębsza jogiczna nauka medytacji

Radża-joga, królewska droga do zjednoczenia się z Bogiem, jest naukową metodą rzeczywistego poznania królestwa Bożego, które znajduje się w człowieku. Praktykowanie świętych jogicznych technik interioryzacji, otrzymanych podczas inicjacji od prawdziwego guru, umożliwia znalezienie tego królestwa dzięki przebudzeniu astralnych i przyczynowych ośrodków siły życiowej

---

[2] Pojedyncze oko intuicji i wszechobejmującej percepcji w Chrystusowym (*kutastha*) ośrodku (ćakrze *adżnia*) między brwiami. Duchowe oko jest miejscem przejścia w najwyższe stany boskiej świadomości. Po obudzeniu trzeciego oka wielbiciel, wnikając w nie, doświadcza kolejno wyższych stanów: nadświadomości, Świadomości Chrystusowej i Świadomości Kosmicznej. Metody ich osiągania stanowią część naukowej medytacji *krija-jogi*, której techniki nauczane są w *Lekcjach Self-Realization Fellowship* Paramahansy Joganandy.

i świadomości w rdzeniu kręgowym i mózgu; są to bramy do niebiańskich rejonów transcendentnej świadomości.[3]

❖ ❖ ❖

Sama modlitwa nie pomoże. Ludzie zastanawiają się, dlaczego modląc się bardzo usilnie, nie otrzymują osobistej odpowiedzi od Boga. Nie wiedzą, jak medytować. Właśnie dlatego konieczna jest joga. Jeśli będziesz praktykował techniki jogiczne, dotrzesz tam. Joga nie mówi, że wystarczy wierzyć, aby zostać zbawionym. Uczy naukowych praw i technik, dzięki którym możesz odczuć Boga we własnej świadomości. Dopiero wtedy, gdy naprawdę połączysz się duchowo z Bogiem, On jawnie ci odpowie. Nie wcześniej. Wcześniej to niemożliwe. Gdy twoja świadomość jest zamknięta za drzwiami niewiedzy, Bóg nie może wejść. Gdy otworzysz te drzwi, Bóg się objawi; i z taką świadomością wszystko staje się możliwe. Niemniej jednak, musisz dokonać wysiłku. Nie znajdziesz Boga, jeśli siedzisz, aby medytować, a twój umysł błąka się po różnych tematach. Jeśli jednak będziesz regularnie praktykował te techniki, to Go odnajdziesz.

Prowadzone ćwiczenie medytacyjne

Medytujmy.

Poczuj, że jesteś naładowany twórczą, życiodajną energią Boga.

Poczuj, jak ta wieczna świadomość Boga przejawia się w twoim ciele, wymazując doczesną świadomość przeszłych porażek, lęków, chorób i śmierci.

---

3 Zob. *radża-joga*, *krija-joga* i *ćakry* w Słowniczku.

Powtarzaj z wielką uwagą:

„Ojcze, jesteś w moim ciele, umyśle i duszy. Jestem uczyniony na Twoje podobieństwo. Pobłogosław moje ciało, umysł i duszę, aby jaśniały Twoją wieczną młodością, mocą, nieśmiertelnością i radością.

Aum. Pokój. Amen".

Medytacja o pokoju

W myślach przyzywaj Boga z całym zapałem i szczerością serca. Przyzywaj Go świadomie w świątyni ciszy; i w głębszej medytacji znajdź Go w świątyni ekstazy i błogości. Myślą i uczuciem posyłaj Mu miłość z całego serca, umysłu, duszy i z całej mocy. Intuicją duszy poczuj, jak Bóg, przebijając się przez chmury twego niepokoju, pojawia się jako wielki spokój i radość. Spokój i radość to głosy Boga od dawna dławione przez twoją niewiedzę, ignorowane i zapomniane pośród zgiełku ludzkich namiętności.

Królestwo Boże jest tuż poza ciemnością zamkniętych powiek, a pierwszą bramą, która się na nie otwiera, jest twój spokój. Zrób wydech, rozluźnij się i poczuj, jak ten spokój rozprzestrzenia się wszędzie wokół, w tobie i na zewnątrz. Zanurz się w tym spokoju.

Zrób głęboki wdech i wydech. Teraz zapomnij o oddechu. Powtarzaj za mną:

Ojcze, ucichły odgłosy świata i niebios.
Jestem w świątyni ciszy.
Twoje wieczne królestwo spokoju rozciąga się, sfera za sferą, przed moimi oczyma. Niech to bezkresne królestwo, od dawna zakryte ciemnością, trwa we mnie.

Spokój wypełnia moje ciało. Spokój wypełnia moje serce i zamieszkuje w mojej miłości. Spokój wewnątrz, na zewnątrz, wszędzie.

Bóg jest spokojem. Jestem Jego dzieckiem. Bóg i ja jedno jesteśmy.

Nieskończony spokój otacza moje życie i przesyca wszystkie chwile mego bytu. Pokój niech będzie mnie samemu; pokój mojej rodzinie; pokój mojemu narodowi; pokój mojej Ziemi; pokój mojemu kosmosowi.

Niech dobra wola panuje pośród wszystkich narodów, pośród wszystkich stworzeń; wszyscy bowiem są mymi braćmi, a Bóg jest naszym wspólnym Ojcem. Żyjemy w Stanach Zjednoczonych Świata, a Bóg i Prawda są naszymi przywódcami.

Ojcze Niebieski, przyjdź królestwo pokoju Twoje jako w niebie, tak i na ziemi. Obyśmy wszyscy uwolnili się od dzielącej nas niezgody i stali się doskonałymi obywatelami – w ciele, umyśle i duszy – Twojej Ziemi.

Medytuj, aż poczujesz odpowiedź Boga

Koncentruj się dalej na ośrodku Świadomości Chrystusowej między brwiami, modląc się głęboko do Boga i Jego wielkich świętych. W języku swego serca przywołuj ich obecność i proś o błogosławieństwo. Dobrą praktyką jest powtarzać jakąś afirmację albo modlitwę [...] i uduchawiać ją własną, pełną miłości tęsknotą. Śpiewaj z oddaniem i módl się, utrzymując uwagę na punkcie między brwiami, aż poczujesz odpowiedź Boga w postaci głębokiego spokoju i wewnętrznej radości.

❖ ❖ ❖

Gdy dzięki stałej praktyce twoja medytacja zaczyna się pogłębiać, możesz widzieć niewielkie światełko, słyszeć dźwięki astralne lub doznać wizji jakiegoś świętego. Na początku odnosisz się do tego raczej sceptycznie, uważając to tylko za halucynacje; ale w miarę jak medytujesz dalej z tęsknotą i oddaniem, przekonujesz się, że w tajemniczy sposób zaczynają ci się przydarzać w życiu cudowne rzeczy [...].

Bóg odpowiada ci; będzie On cię wspierał i prowadził we wszystkim – w wyborze przyjaciół lub partnerów biznesowych, lub w codziennych decyzjach – gdy będziesz z Nim w harmonii.

ROZDZIAŁ 4

Wznoszenie się ponad cierpienie

Prowadzę z moim Ojcem Niebieskim nieustającą polemikę, dotyczącą tego, dlaczego ból jest próbą mającą na celu sprowadzenie z powrotem do Niego ludzi, którzy stworzeni zostali na Jego podobieństwo. Mówię Ojcu, że w bólu jest przymus; perswazja i miłość są lepszymi sposobami, aby sprowadzić ludzi do nieba. Chociaż znam odpowiedź, to zawsze walczyłem z Bogiem w tych kwestiach, bo On rozumie mnie tak, jak ojciec rozumie swojego syna.

❖ ❖ ❖

Jakże tragiczny jest ten świat! Jest on miejscem niepewności. Ale bez względu na to, co ci się przydarza, to jeśli rzucisz się do stóp Ojca i poprosisz Go o łaskę, On podniesie cię i pokaże ci, że życie jest jedynie snem.[1]

❖ ❖ ❖

Opowiem wam króciutką historyjkę. Król zasnął i śniło mu się, że jest biedakiem. Krzyczał w swoim śnie, błagając chociaż o grosz na jedzenie. W końcu królowa obudziła go i spytała: „Co się z tobą dzieje? Twój skarbiec jest pełen złota, a ty żebrzesz o grosz". Wtedy król rzekł: „Och, jakiż ze mnie głupiec. Myślałem, że jestem żebrakiem, i że głoduję z powodu braku jakiegoś grosza".

[1] Zob. *maja* w Słowniczku.

Podobne jest złudzenie każdej duszy, która śni, że jest śmiertelna, że podlega koszmarowi zła wszelkiego rodzaju chorób, cierpienia, problemów i złamanych serc. Jedynym sposobem ucieczki przed tym koszmarem jest silniejsze przywiązanie do Boga, a słabsze przywiązanie do wyśnionych obrazów tego świata.

❖ ❖ ❖

Nie ma okrucieństwa w Boskim planie, ponieważ w Jego oczach nie ma ani dobra, ani zła – jedynie obrazy światła i cienia. Pan zamierzał, abyśmy dostrzegali dualistyczne sceny życia, tak jak On Sam je dostrzega – wiecznie radosny Świadek zdumiewającego kosmicznego dramatu.

Człowiek fałszywie utożsamił się z pseudo-duszą, czyli ego. Kiedy zaś przenosi on poczucie tożsamości na swoją prawdziwą istotę, nieśmiertelną duszę, to odkrywa, że wszelki ból jest nierealny. Nie potrafi już nawet *wyobrazić* sobie stanu cierpienia.

❖ ❖ ❖

Nadświadomość człowieka pochodzi od Boga i jest odporna na ból. Wszelkie fizyczne i psychiczne cierpienia są konsekwencją utożsamiania się, wyobraźni i błędnych ludzkich nawyków myślowych.

❖ ❖ ❖

Wykaż się większą siłą psychiczną. Osiągnij taką moc psychiczną, abyś mógł pozostać niezłomny bez względu na to, co się wydarzy, dzielnie stawiając czoła wszystkiemu w życiu. Jeśli kochasz Boga, to powinieneś mieć wiarę i być gotowy wytrwać, kiedy nadejdą próby. Nie obawiaj się cierpienia. Zachowaj pozytywny i silny umysł. Twoje wewnętrzne doświadczenie jest najważniejsze.

❖ ❖ ❖

Wyolbrzymiasz cierpienie poprzez wyobraźnię. Zamartwianie się lub użalanie nad sobą nie zmniejszy twojego bólu, lecz raczej go zwiększy. Na przykład, ktoś wyrządził ci krzywdę, ty to rozpamiętujesz, a twoi przyjaciele rozmawiają o tym i ci współczują. Im bardziej o tym myślisz, tym bardziej powiększasz ranę – *a także* swoje cierpienie.

❖ ❖ ❖

Niektórzy ciągle rozpamiętują wszelkie cierpienia, przez które przeszli, na przykład to, jak bolesna była operacja, która miała miejsce dwadzieścia lat temu! Wciąż na nowo przeżywają w świadomości tę chorobę. Po cóż powtarzać takie doświadczenia?

❖ ❖ ❖

Najlepszy sposób na zdystansowanie się od kłopotów to mentalnie odizolować się od nich, tak jakby było się jedynie widzem, a jednocześnie szukać lekarstwa.[2]

❖ ❖ ❖

Faktem jest, że jeśli nauczysz się żyć w ciele nie uważając się za nie, to nie będziesz cierpieć tak bardzo. Związek pomiędzy

---

[2] Osoby z poważnymi i przewlekłymi problemami zdrowotnymi – bólem lub innymi objawami – powinny kierować się zaleceniami lekarza.

tobą a bólem cielesnym jest jedynie mentalny. Podczas snu, gdy jesteś nieświadomy ciała, nie odczuwasz bólu. Podobnie, gdy lekarz lub dentysta daje ci znieczulenie i wykonuje zabiegi na twoim ciele, nie odczuwasz żadnego bólu. Umysł został odłączony od wrażeń cielesnych.

❖ ❖ ❖

Dbaj o ciało, ale bądź ponad nim. Wiedz, że oddzielony jesteś od twojej doczesnej postaci. Postaw wielką mentalną barierę pomiędzy umysłem a ciałem. Afirmuj: „Jestem odseparowany od ciała. Zimno, gorąco ani choroba nie mają na mnie wpływu. Jestem wolny". Twoje ograniczenia będą stawały się coraz mniejsze.

❖ ❖ ❖

Najlepszym znieczuleniem na ból jest siła psychiczna. Jeśli umysł nie przyjmie bólu do wiadomości, to stanie się on o wiele słabszy. Przekonałem się niejednokrotnie, że kiedy moje ciało zostało zranione i odczuwałem ostry ból, to gdy skupiłem umysł na ośrodku Chrystusowym[3] – czyli utożsamiałem się bardziej z Bogiem, a mniej z ciałem – w ogóle nie czułem bólu. A zatem, kiedy przychodzi ból, skoncentruj się na ośrodku Chrystusowym. Pozostań mentalnie oddzielony od bólu; rozwiń większą siłę umysłu. Bądź twardy wewnętrznie. Kiedy odczuwasz ból, powiedz sobie w myślach: „To mnie nie boli". Kiedy przyjdzie ból,

---

[3] Siedziba pojedynczego oka boskiej świadomości i duchowego postrzegania w punkcie pomiędzy brwiami, o którym Jezus wspomniał, kiedy mówił: „Jeśli twoje oko będzie pojedyncze, to całe twoje ciało rozświetlone będzie" (Mt 6:22). Obrazy przedstawiające świętych w czasie obcowania z Bogiem często pokazują ich z oczami skierowanymi na ten ośrodek. Zob. Słowniczek.

przyjmij go jako coś, czym należy się zająć, ale nie cierp z tego powodu. Im bardziej skupisz się na mocy umysłu, tym bardziej osłabisz świadomość ciała.

❖ ❖ ❖

„Ból i przyjemność są przemijające" [powiedział swoim uczniom Śri Jukteśwar[4]]. „Znoście wszelkie skrajności ze spokojem, starając się jednocześnie usunąć poza zasięg ich mocy".

❖ ❖ ❖

W negatywnych okolicznościach praktykuj „przeciwstawianie się", myśląc i działając w pozytywny i konstruktywny sposób. Praktykuj *titikszę*[5], czyli nie poddawaj się przykrym doświadczeniom, lecz stawiaj im czoła ze spokojem. Kiedy pojawi się choroba, kieruj się zasadami higieny życia, nie pozwalając sobie na niepokój umysłu. Pozostań niewzruszony we wszystkim, co robisz.

❖ ❖ ❖

Bez względu na to, czy cierpisz w tym życiu, czy też cieszysz się bogactwem i mocą, twoja świadomość powinna pozostawać niezmienna. Jeśli potrafisz osiągnąć równowagę umysłu, to nic nigdy nie może cię zranić. Życiorysy wszystkich wielkich mistrzów potwierdzają, że osiągnęli oni ten błogosławiony stan.

❖ ❖ ❖

4 Swami Śri Jukteśwar (1855-1936) był guru (duchowym preceptorem) Paramahansy Joganandy. Jego życie opisane jest w *Autobiografii jogina*. Zob. Słowniczek.

5 W sanskrycie „odporność wraz z równowagą psychiczną".

Medytacja jest sposobem, za pomocą którego musisz starać się wznieść ponad iluzję i poznać swoją prawdziwą naturę. Jeśli potrafisz utrzymać tę świadomość zarówno w działaniu, jak i w medytacji, pozostając nietkniętym przez iluzoryczne doświadczenia, to wówczas wzniesiesz się ponad ten wyśniony świat Boży. Sen się dla ciebie skończy. To właśnie dlatego Pan Kryszna[6] kładł nacisk na to, że jeśli pragniesz wyzwolenia w Duchu, to musisz zachować zrównoważony umysł we wszystkich okolicznościach: „Człowiek, który jest opanowany i spokojny zarówno w bólu, jak i w przyjemności, i którego nie są one w stanie wzburzyć, jedynie on jest zdolny osiągnąć wieczność!"[7].

❖ ❖ ❖

Kiedy ścigają cię tygrysy zmartwień, chorób i śmierci, to jedynym twoim schronieniem jest wewnętrzna świątynia ciszy. Człowiek głęboko uduchowiony żyje dzień i noc w spokojnej wewnętrznej ciszy, do której nie mają wstępu ani groźne niepokoje, ani nawet łoskot zderzających się ze sobą światów.

❖ ❖ ❖

Żadne przykre doznania ani tortury psychiczne nie mogą cię dotknąć, jeśli umysł jest od nich odłączony i zakotwiczony w pokoju i radości Bożej.

[6] Awatar (boskie wcielenie), który żył w starożytnych Indiach trzy tysiąclecia przed erą chrześcijańską.

Na kanwie rozmowy Pana Kryszny z uczniem Ardźuną na polu bitwy Kurukszetra powstało nieśmiertelne dzieło *Bhagawadgita*. Zob. *Bhagawan Kryszna* i *Bhagawadgita* w Słowniczku.

[7] *Bhagawadgita* II:15

Uzdrawiająca moc Boża

Nasze potrzeby możemy zaspokoić na dwa różne sposoby. Jeden z nich jest materialny. Na przykład, kiedy nasz stan zdrowia jest zły, to możemy iść do lekarza po poradę medyczną. Ale przychodzi czas, kiedy żadna ludzka interwencja nie pomoże. Wówczas odwołujemy się do drugiego sposobu, Duchowej Mocy, Stwórcy naszego ciała, umysłu i duszy. Nasza moc w świecie materii jest ograniczona i kiedy zawodzi, to zwracamy się ku nieograniczonej Boskiej Mocy. Podobnie jest z naszymi potrzebami finansowymi; kiedy już zrobiliśmy wszystko, co w naszej mocy, i nadal jest to niewystarczające, to zwracamy się do tej drugiej Mocy.

❖ ❖ ❖

Poznanie Boga jest najwyższym ze sposobów uzdrawiania wszelkich chorób – fizycznych, psychicznych i duchowych. Tak jak ciemność nie może pozostać tam, gdzie jest światło, podobnie i ciemność choroby zostaje przepędzona przez Światło doskonałej Boskiej obecności, kiedy wpłynie ono do ciała.

❖ ❖ ❖

Nieograniczona moc Boża działa we wszystkich metodach uzdrawiania, czy to fizycznej, psychicznej czy witalnej.[8] Nigdy nie można zapomnieć o tym fakcie, bo jeśli polegamy na *metodzie*,

8 „Witalne" uzdrawianie odnosi się do pozyskiwania kosmicznej energii – inteligentnej, subtelniejszej niż energia atomowa – która jest uniwersalną życiową zasadą, poprzez którą Bóg podtrzymuje całe stworzenie. Zob. *prana* w Słowniczku.

a nie na *Bogu*, to On automatycznie wstrzymuje i ogranicza swobodny przepływ uzdrawiającej mocy.

❖ ❖ ❖

Twoim obowiązkiem jest przedstawić swoją potrzebę uwadze Boga i odegrać swoją rolę pomagając Bogu w tym, aby to pragnienie zaowocowało. Na przykład, przy chronicznej chorobie, zrób wszystko, co w twojej mocy, żeby wspomóc uzdrowienie, ale wiedz w swoim umyśle, że ostatecznie to jedynie Bóg może pomóc.

❖ ❖ ❖

Nieograniczone źródło ochrony człowieka kryje się w jego silnej myśli, że jako dziecko Boże nie może być dotknięty przez chorobę.

❖ ❖ ❖

Uczyń wszystko, co w twojej mocy, żeby usunąć przyczynę choroby, a potem nie miej absolutnie żadnych obaw. Tak wiele jest drobnoustrojów wokół ciebie, że jeśli zaczniesz się ich obawiać, to nie będziesz już w ogóle zdolny do cieszenia się życiem […]. Bądź nieustraszony.

❖ ❖ ❖

Stale uśmiechaj się wewnętrznie, pulsując głęboką radością, zawsze gotowy do działania, z duchową ambicją pomagania innym. Takie podejście jest nie tylko dobrym ćwiczeniem dla

umysłu; sprawia ono również, że ciało pozostaje nieustannie za-
opatrywane w świeżą kosmiczną energię.

❖ ❖ ❖

Ten, kto znajduje radość w samym sobie, odkrywa, że ciało
jego naładowane jest elektrycznym prądem, energią życiową, nie
z pokarmu, ale od Boga. Jeśli czujesz, że nie możesz się uśmiechać, to stań przed lustrem i palcami rozciągnij swoje usta w
uśmiechu. To jest aż tak ważne!
    Kiedy jesteśmy wewnętrznie radośni, to przywołujemy nie-
wyczerpalną moc Bożą. Mam na myśli szczerą radość, nie zaś
taką, którą udajesz na zewnątrz, ale której nie odczuwasz w środku. Kiedy twoja radość jest szczera, to jesteś milionerem uśmie-
chów. Prawdziwy uśmiech rozsyła kosmiczny prąd, *pranę*, do
każdej komórki ciała. Szczęśliwy człowiek mniej jest narażony na
choroby, bo szczęście naprawdę przyciąga do ciała większe zasoby
uniwersalnej energii życiowej.

❖ ❖ ❖

W skarbcu umysłu kryją się zarówno wszystkie łańcuchy
zniewolenia, jak i klucze do wolności.

❖ ❖ ❖

Moc umysłu niesie ze sobą niezawodną Boską energię; jest to
moc, której pragniesz w swoim ciele. Istnieje sposób, żeby sprowadzić tę moc. Sposobem tym jest obcowanie z Bogiem poprzez
medytację. Kiedy twoje obcowanie z Bogiem jest doskonałe, wtedy uzdrowienie jest trwałe.

Moc afirmacji i modlitwy

Możliwe, że w przeszłości byłeś rozczarowany tym, że twoje modlitwy nie zostały wysłuchane. Ale nie trać wiary [...]. Bóg nie jest niemą, niewrażliwą istotą. On jest samą miłością. Jeśli wiesz, jak medytować, żeby nawiązać z Nim kontakt, to odpowie On na twoje przedstawione Mu z miłością żądania.

❖ ❖ ❖

Tym, co przynosi pożądane rezultaty, jest dokładna wiedza o tym, jak i kiedy się modlić, w zależności od naszych potrzeb. Kiedy stosujemy właściwą metodę, to uruchamia ona odpowiednie prawa Boże; naukowe działanie tych praw przynosi rezultaty.

❖ ❖ ❖

Pierwszą zasadą w modlitwie jest zwracanie się do Boga jedynie z uzasadnionymi pragnieniami. Druga zasada polega na modleniu się o ich spełnienie nie z pozycji żebraka, ale tak jak uczyniłby to syn: „Jestem Twoim dzieckiem. Tyś jest mym Ojcem. Ty i ja Jedno jesteśmy". Kiedy będziesz modlił się głęboko i nieustannie, to odczujesz, jak w twoim sercu wzbiera wielka radość. Nie bądź usatysfakcjonowany, dopóki radość ta nie przejawi się; bo kiedy odczujesz tę zaspokajającą wszystko radość w swoim sercu, to będziesz wiedział, że Bóg dostroił się do twojego modlitewnego przekazu. Wtedy módl się do Ojca: „Panie, taka oto jest moja potrzeba. Jestem gotów na nią zapracować; proszę pokieruj mną i pomóż mi poprzez właściwe myśli i właściwe działanie osiągnąć sukces. Użyję mocy rozumu i będę pracował z determinacją, ale pokieruj moim rozumem, wolą i działaniami ku temu, co powinienem uczynić".

❖ ❖ ❖

Powinieneś modlić się do Boga z ufnością, jak Jego dziecko, którym jesteś. Bogu nie przeszkadza, kiedy modlisz się z pozycji swojego ego, jak ktoś obcy albo żebrak, przekonasz się jednak, że twoje wysiłki będą ograniczone taką świadomością. Bóg nie chce, żebyś porzucił własną wolną wolę, która prawem dziedziczenia należy do ciebie jako Jego dziecka.

❖ ❖ ❖

Nieustanne żądanie[9] czegokolwiek, szeptane w myślach z niesłabnącą żarliwością i niezachwianą odwagą i wiarą, rozwija się w dynamiczną moc, która do tego stopnia wpływa na całe zachowanie podświadomych, świadomych i nadświadomych mocy człowieka, że pożądana rzecz zostaje zdobyta. Szeptać w myślach należy nieprzerwanie, nie zrażając się niepowodzeniem. Wówczas upragniona rzecz zmaterializuje się.

Technika afirmacji

Nieskończone moce dźwięku pochodzą z Twórczego Słowa,

---

[9] Paramahansa Jogananda nauczał: „Modlitwa często implikuje świadomość żebraczą. Jesteśmy dziećmi Bożymi, a nie żebrakami, i dlatego jesteśmy uprawnieni do naszego boskiego dziedzictwa. Kiedy ustanowimy związek między naszymi duszami a Bogiem, to mamy prawo, aby miłośnie żądać spełnienia naszych prawnie uzasadnionych modlitw". Ta zasada żądania od Boga naszego dziedzicznego prawa jest ożywiającą mocą w afirmacji.

Aum[10], kosmicznej wibracyjnej mocy we wszystkich energiach atomowych. Każde słowo wypowiedziane z całkowitym zrozumieniem i głęboką koncentracją posiada siłę materializacji.

❖ ❖ ❖

Słowa nasycone szczerością, przekonaniem, wiarą i intuicją są jak silnie wybuchowe bomby wibracyjne, które eksplodując kruszą skały trudności i wywołują pożądaną zmianę.

❖ ❖ ❖

Podświadoma idea-nawyk choroby lub zdrowia ma bardzo silne działanie. Uporczywe choroby psychiczne lub fizyczne zawsze mają swoje głębokie korzenie w podświadomości. Chorobę można uleczyć, wyrywając te ukryte korzenie. To właśnie dlatego wszystkie afirmacje świadomego umysłu powinny być na tyle *przekonywujące*, żeby mogły przeniknąć do podświadomości, która z kolei automatycznie wpłynie na świadomy umysł. Silne, świadome afirmacje oddziałują zatem na umysł i ciało za pośrednictwem podświadomości. Jeszcze silniejsze afirmacje docierają nie tylko do podświadomego, ale także i do nadświadomego umysłu – magicznego magazynu cudownych mocy.

❖ ❖ ❖

Cierpliwość i uważne, inteligentne powtarzanie czynią cuda. Afirmacje w celu uzdrawiania chronicznych przypadłości psychicznych i fizycznych powinno się powtarzać często[11], głęboko i

---

10 Wielkie Amen lub „Słowo Boże". Zob. *Aum* w Słowniczku.
11 Afirmacje o specyficznym przeznaczeniu zawarte są na końcu każdego

bezustannie (zupełnie ignorując niezmienne lub przeciwne okoliczności, jeśli takie występują), dopóki nie staną się one naszymi głębokimi, intuicyjnymi przekonaniami.

❖ ❖ ❖

Wybierz afirmację i powtarzaj ją w całości, najpierw głośno, a następnie ciszej i nieco wolniej, dopóki twój głos nie stanie się szeptem. Następnie stopniowo afirmuj jedynie w myślach, nie poruszając językiem ani ustami, aż poczujesz, że osiągnąłeś głęboką nieprzerwaną koncentrację – nie stan nieświadomości, ale dogłębną ciągłość nieprzerwanej myśli.

Jeśli będziesz kontynuował afirmację w myślach i zagłębiał się w siebie coraz bardziej, to uzyskasz poczucie coraz większej radości i spokoju. Podczas stanu głębokiej koncentracji twoja afirmacja połączy się ze strumieniem podświadomości, aby powrócić później ze wzmocnioną siłą i wpłynąć na twój świadomy umysł zgodnie z prawem nawyku.

Wtedy, gdy doświadczasz coraz większego spokoju, twoja afirmacja zapada głębiej, do królestwa nadświadomości, skąd powraca później naładowana nieograniczoną siłą, która wpłynie na twój świadomy umysł, a także spełni twoje pragnienia. Nie wątp, a będziesz świadkiem cudu naukowej wiary.

❖ ❖ ❖

Ślepe powtarzanie żądań lub afirmacji bez towarzyszącego im

---

rozdziału tej książki. W *Naukowych afirmacjach uzdrawiających, Medytacjach metafizycznych* oraz w *Lekcjach Self-Realization* Paramahansa Jogananda podaje wiele innych afirmacji dla celów uzdrawiania, samodoskonalenia się oraz pogłębiania naszej świadomości Boga.

oddania lub spontanicznej miłości, czyni z nas jedynie „modlący się gramofon", który nie rozumie, co oznacza jego modlitwa. Mielenie modlitw na głos i mechanicznie, podczas kiedy wewnętrznie myślimy o czymś innym, nie przyniesie odpowiedzi ze strony Boga. Ślepa repetycja, branie imienia Bożego nadaremnie, są bezowocne. Powtarzanie żądania albo modlitwy raz za razem, w myślach albo werbalnie, ze wzrastającą uwagą i oddaniem, uduchowia modlitwę i zmienia świadomą, mówioną z wiarą recytację w nadświadome doświadczenie.

❖ ❖ ❖

Medytuj nad znaczeniem żądania, które wybrałeś, aż stanie się ono częścią ciebie. Przesyć żądanie oddaniem, kiedy nad nim medytujesz. Kiedy twoja medytacja się pogłębi, wtedy zwiększ oddanie i po cichu ofiaruj żądanie w porywie własnego serca. Napełnij siebie wiarą w to, że Bóg odczuwa pragnienie twojego serca, wyrażone w tym szczególnym żądaniu.

Odczuwaj, że tuż za zasłoną twojego żarliwego żądania Bóg słucha cichych słów twojej duszy. Poczuj to! Zjednocz się z żądaniem serca – bądź dogłębnie przekonany, że On ciebie wysłuchał. Następnie zajmij się obowiązkami, nie starając się dowiedzieć, czy Bóg spełni twoje żądanie. Wierz absolutnie, że twoje żądanie zostało wysłuchane, a dowiesz się, że to, co należy do Boga, jest również i twoje. Nieustanie medytuj o Bogu, a gdy poczujesz Jego obecność, to uzyskasz należne ci dziedzictwo jako Jego boski syn.

❖ ❖ ❖

„Pan odpowiada wszystkim i pracuje dla wszystkich [powiedział Śri Jukteśwar]. Rzadko kiedy ludzie uświadamiają sobie, jak często Bóg zwraca uwagę na ich modlitwy. On nie okazuje względów nielicznym, lecz wysłuchuje każdego, kto zwraca się do Niego z ufnością. Jego dzieci powinny mieć zawsze bezgraniczną wiarę w dobroć Wszechobecnego Ojca".

❖ ❖ ❖

Wiarę musimy w sobie kultywować, a raczej odkrywać. Ona jest w nas, ale trzeba ją wydobyć. Jeśli poobserwujesz swoje życie, to dostrzeżesz niezliczone sposoby, za pomocą których działa Bóg; w ten sposób twoja wiara umocni się. Niewielu ludzi szuka Jego niewidzialnej ręki. Większość ludzi uważa, że bieg wypadków jest naturalny i nieunikniony. Niewiele wiedzą o tym, jak radykalne zmiany możliwe są dzięki modlitwie!

Kultywowanie wiary w Boga

Absolutna, niepodważalna wiara w Boga jest najlepszą metodą natychmiastowego uzdrawiania. Nieprzerwany wysiłek w pobudzaniu tej wiary jest najważniejszym i najbardziej satysfakcjonującym obowiązkiem człowieka.

❖ ❖ ❖

Przekonanie o istnieniu Boga i wiara w Boga to dwie różne rzeczy. Przekonanie jest bezwartościowe, jeśli go nie poddajesz próbie i nie żyjesz według niego. Przekonanie zamienione w doświadczenie staje się wiarą.

❖ ❖ ❖

Możesz chcieć wierzyć; może nawet sądzisz, że wierzysz; ale jeśli naprawdę wierzysz, to rezultat będzie natychmiastowy.

❖ ❖ ❖

Wierze nie da się zaprzeczyć; jest ona intuicyjnym przekonaniem o prawdzie i nie da się jej zachwiać nawet przeciwnymi dowodami [...]. Nie uświadamiasz sobie nawet, jak cudownie działa ta wielka moc. Działa ona matematycznie. Żadne „jeżeli" nie wchodzi w grę. I tak właśnie wiara rozumiana jest w Biblii: jest ona *dowodem* na istnienie rzeczy niewidzialnych.[12]

❖ ❖ ❖

Zawsze bez wątpliwości wierz, że Boża moc działa w tobie, tuż za twoimi myślami, modlitwami i przekonaniami, by dawać nieskończoną siłę [...]. Uznaj Jego działanie w tobie we wszystkim, a zawsze będziesz Go miał ze sobą.

❖ ❖ ❖

Najwyższą Moc można przywołać poprzez nieustanną wiarę i nieprzerwaną modlitwę. Powinieneś właściwie się odżywiać i robić to wszystko, co jest konieczne dla ciała, ale nieustannie modlić się do Niego: „Panie, Ty możesz mnie uzdrowić, ponieważ masz władzę nad atomami życia i subtelnymi uwarunkowaniami ciała, do których lekarze nie potrafią dotrzeć lekarstwami".

❖ ❖ ❖

[12] „A wiara jest gruntem tych rzeczy, których się spodziewamy, dowodem rzeczy niewidzialnych". (List do Hebrajczyków 11:1).

Głosem rozbrzmiewającym radością [Lahiri Mahaśaja[13] powiedział]: „Zawsze to wiedzcie, że wszechmocny Paramatman[14] może uzdrowić każdego, z pomocą lekarza, czy bez".

❖ ❖ ❖

To jest świat należący do Boga. Może cię On stąd zabrać; może cię zostawić. Kiedy lekarz mówi: „Ja cię uleczę", lecz Bóg postanowi cię zabrać, to odejdziesz. A zatem, przeżywaj swoje życie dla Niego.

❖ ❖ ❖

Jeśli ktoś zachoruje, to powinien usilnie próbować pozbyć się swojej choroby. Wtedy, jeśli nawet lekarze oświadczą, że nie ma nadziei, należy zachować spokój, ponieważ strach zamyka oczy wierze w niezawodną Boską Obecność. Zamiast poddawać się lękom, powinno się afirmować: „Jestem zawsze bezpieczny w fortecy Twej czułej opieki". Nieustraszony wierny, umierający na nieuleczalną chorobę, koncentruje się na Panu i jest gotowy na wyzwolenie w swoim kolejnym życiu [...]. Wszyscy ludzie powinni sobie uświadomić, że świadomość duszy może zatriumfować nad każdym zewnętrznym nieszczęściem.

❖ ❖ ❖

Dla silnych duchowo nawet śmierć jest niczym. Pewnego razu śniło mi się, że umieram. Mimo wszystko modliłem się do Niego: „Panie, wszystko jest dobrze; jakakolwiek jest Twa wola".

---

[13] Guru guru Paramahansy Joganandy. Zob. Słowniczek
[14] W sanskrycie „Najwyższy Duch".

Wtedy On mnie dotknął, a ja uświadomiłem sobie prawdę: „Jakże miałbym umrzeć? Fala nie może umrzeć, zatapia się z powrotem w oceanie i znowu się wynurza. Fala nigdy nie umiera. I ja nigdy nie umrę".

❖ ❖ ❖

[W okresie wielkiej próby, Paramahansa Jogananda usunął się na pustynię w poszukiwaniu samotności i modlitwy. Pewnej nocy podczas głębokiej medytacji otrzymał następującą piękną odpowiedź od Boga:]

„Taniec życia lub taniec śmierci,
Wiedz, że pochodzą one ode Mnie, i raduj się.
Czegóż więcej potrzebujesz nad to, że masz Mnie?"

❖ ❖ ❖

[Przykładne żywoty świętych dusz stanowią niewyczerpane źródło siły i inspiracji dla innych. Właściwe nastawienie do cierpienia znalazło swój doskonały wyraz w życiu Śri Gjanamaty (1869-1951),[15] jednej z głównych uczennic Paramahansy Joganandy. Wszyscy, którzy ją znali, czuli się podniesieni na duchu jej cichym heroizmem, jej wewnętrzną siłą i miłością do Boga, której nie zachwiało nigdy ogromne fizyczne cierpienie, jakie znosiła przez ostatnie dwadzieścia lat swojego życia. Podczas mszy ku jej pamięci, Paramahansadźi, który ją odprawiał, wypowiedział następujące słowa:]

---

[15] Gjanamata oznacza „Matka Mądrości". Jej mądre i czułe porady i zachęty dla innych są pięknie wyrażone w zbiorze jej listów i w historii jej życia opisanej w książce *God Alone,* wydanej przez Self-Realization Fellowship.

Życie Siostry było jak życie Św. Franciszka, który cierpiał nawet wtedy, gdy pomagał innym. Zatem stanowi ona przykład wielkiej inspiracji. Przez wszystkie lata swoich cierpień, pokazała, że jej miłość do Boga była od nich większa, a ja nigdy nie widziałem żadnego śladu cierpienia w jej oczach. To dlatego jest ona wielką świętą – wielką duszą – i dlatego jest z Bogiem [...].

Kiedy spojrzałem na jej ciało w trumnie, to poczułem jak dusza Siostry połączyła się z wiekuistym eterem i usłyszałem wewnętrzny głos Ojca mówiący do mnie: „Dwadzieścia lat cierpienia nigdy nie odebrało jej miłości do Mnie i to jest to, co cenię w jej życiu". Nie byłem w stanie powiedzieć nic więcej. Uświadomiłem sobie, że Ojciec Niebiański ma prawo wystawiania na próbę naszej miłości do Niego, doświadczając nas bólem, nawet przez dwadzieścia lat lub dłużej, abyśmy mogli w zamian za to, jako że jesteśmy stworzeni na Jego obraz i podobieństwo, odzyskać utracone, wiekuiste, zawsze nowe szczęście.

Wtedy ponownie przeszył mnie dreszcz Bożej obecności i powiedziałem do siebie: „Odzyskanie zawsze nowej, wiecznej radości, w wyniku dwudziestu lat niepoddawania się bólowi, jest jeszcze większym osiągnięciem, dzięki łasce Ojca".

❖ ❖ ❖

Jeśli żyjesz z Panem, to zostaniesz uleczony z ułudy życia i śmierci, zdrowia i choroby. Bądź w Panu. Odczuwaj Jego miłość. Niczego się nie obawiaj. Jedynie w twierdzy Boga możemy znaleźć ochronę. Nie ma bezpieczniejszej oazy radości niż przebywanie w Jego obecności. Kiedy jesteś z Nim, to nic nie może ci się stać.

❖❖❖

AFIRMACJE W CELU UZDROWIENIA

Doskonałe Boskie zdrowie przenika ciemne zakątki mojej cielesnej choroby. Jego uzdrawiające światło lśni we wszystkich moich komórkach. Są zupełnie zdrowe, bo jest w nich Jego doskonałość.

❖ ❖ ❖

Uzdrawiająca moc Ducha przepływa przez wszystkie komórki mojego ciała. Jestem stworzony z jedynej substancji-Boga, z której zbudowany jest wszechświat.

❖ ❖ ❖

Doskonałe światło jest wszechobecne we wszystkich częściach mojego ciała. Wszędzie tam, gdzie przejawia się to uzdrawiające światło, jest doskonałość. Jestem zdrów, bo doskonałość jest we mnie.

❖ ❖ ❖

Jestem w twierdzy Bożej obecności. Nie może mnie spotkać nic złego, albowiem w każdej sytuacji życiowej – w sferze fizycznej, psychicznej, finansowej, duchowej – jestem bezpieczny w fortecy Bożej obecności.

ROZDZIAŁ 5

Poczucie bezpieczeństwa
w świecie niepewności

Nagłe kataklizmy, które występują w naturze, wywołując zamieszanie i masowe obrażenia, nie są „czynami Bożymi". Katastrofy takie są rezultatem myśli i działań człowieka. Zawsze, kiedy wibracyjna równowaga dobra i zła na świecie zostaje zakłócona z powodu nagromadzenia się szkodliwych wibracji, skutku złego myślenia i działania ludzi, to widzimy zniszczenia [...].[1]

Do wojen dochodzi nie z powodu złego w skutkach boskiego działania, ale wskutek powszechnego materialnego egoizmu. Przepędźcie egoizm – jednostkowy, przemysłowy, polityczny, narodowy – a nie będziecie mieli więcej wojen.

❖ ❖ ❖

Chaotyczne warunki współczesnego życia panujące na całym świecie są wynikiem życia według bezbożnych ideałów. Jednostki i narody mogą uchronić się przed całkowitym zniszczeniem, jeśli będą żyły według boskich ideałów braterstwa, współpracy przemysłowej, międzynarodowej wymiany ziemskich zasobów i doświadczeń.

❖ ❖ ❖

[1] Patrz przypis nr 8 na stronie 18.

49

Wierzę, że nadejdą czasy, kiedy dzięki lepszemu rozumieniu się nie będziemy już dłużej potrzebowali żadnych granic. Nazwiemy kulę ziemską naszą ojczyzną; i z pomocą sprawiedliwości i międzynarodowej jedności będziemy bezinteresownie rozdzielali dobra świata według potrzeb ludzi. Ale równości nie można wprowadzić siłą, musi ona wypływać z serca [...]. Musimy zacząć już teraz, od samych siebie. Powinniśmy starać się być jak ci święci, którzy przychodzą raz po raz na ziemię, aby wskazać nam drogę. Poprzez wzajemną miłość i klarowne zrozumienie, których oni nauczali i dawali przykład, będzie mógł nadejść pokój.

❖ ❖ ❖

Możecie sądzić, że nie ma sensu, aby próbować pokonać nienawiść i inspirować ludzkość do pójścia Chrystusową ścieżką miłości, ale nigdy jeszcze nie było to bardziej potrzebne niż teraz. Ideologie ateistyczne walczą o to, żeby pozbyć się religii. Świat maszeruje naprzód w szaleńczym dramacie egzystencji. Usiłując powstrzymać szalejące burze, wydajemy się nie więksi niż małe mróweczki pływające po oceanie. Ale nie minimalizujcie swojej mocy.

❖ ❖ ❖

Jedyną rzeczą, która pomoże wyeliminować ze świata cierpienie – bardziej niż pieniądze, domy i inne środki materialne – jest medytacja i przekazywanie do innych boskiej świadomości, którą odczuwamy. Tysiąc dyktatorów nie mogłoby zniszczyć tego, co mam w sobie. Codziennie promieniujcie do innych Jego świadomością. Spróbujcie zrozumieć Boski plan dla ludzkości, jakim jest przyciągnięcie wszystkich dusz z powrotem do Niego – i pracujecie w harmonii z Jego wolą.

❖ ❖ ❖

Bóg jest miłością. Jego plan wobec całego stworzenia może mieć źródło jedynie w miłości. Czyż ta prosta myśl nie oferuje pocieszenia ludzkiemu sercu, bardziej niż erudycyjne rozumowanie? Każdy święty, który dotarł do jądra Rzeczywistości, zaświadczał, że uniwersalny boski plan istnieje, i że jest piękny i pełen radości.

❖ ❖ ❖

Skoro tylko nauczymy się w medytacji kochać Boga, to pokochamy całą ludzkość, tak jak kochamy naszą rodzinę. Ci, którzy odnaleźli Boga poprzez poznanie własnej Jaźni – ci, którzy faktycznie doświadczyli Boga – oni jedynie *potrafią kochać* ludzkość, nie bezosobowo, lecz jak swoich rodzonych braci, dzieci tego samego jednego Ojca.

❖ ❖ ❖

Uświadomcie sobie, że ta sama krew krąży w żyłach wszystkich ras. Jakże może ktokolwiek ośmielić się nienawidzić innych ludzi, z jakiejkolwiek rasy, skoro Bóg żyje i oddycha we wszystkich? Jesteśmy Amerykanami czy Hindusami albo mamy jeszcze inną narodowość jedynie przez parę lat, ale dziećmi Bożymi jesteśmy zawsze. Nie można zamknąć duszy w stworzonych przez człowieka granicach. Jego narodowością jest Duch, jego ojczyzną – Wszechobecność.

❖ ❖ ❖

Jeśli skontaktujesz się z Bogiem w sobie, to dowiesz się, że jest On w każdym, że stał się dziećmi wszystkich ras. Wtedy nie będziesz mógł być wrogiem dla nikogo. Gdyby cały świat mógł kochać taką uniwersalną miłością, to nie byłoby potrzeby, by ludzie się zbroili przeciwko sobie. Naszym własnym Chrystusowym przykładem musimy doprowadzić do jedności wszystkich religii, wszystkich narodów i wszystkich ras.

❖ ❖ ❖

Powszechne współczucie i głęboka wnikliwość, konieczne do uzdrowienia ziemskich nieszczęść, nie mogą wypływać z czysto intelektualnych rozważań o różnicach między ludźmi, lecz ze zrozumienia głębokiej więzi między nimi – pokrewieństwa z Bogiem. Niech nasze dążenia do urzeczywistnienia najwyższego światowego ideału – pokoju poprzez braterstwo – rozprzestrzenią z czasem jogę, naukę osobistego obcowania z Boskością, wśród wszystkich ludzi we wszystkich krajach.

❖ ❖ ❖

Ponury marsz światowych wydarzeń politycznych bezwzględnie ukazuje prawdę, że bez duchowej wizji ludzie giną. Jeśli nie religia, to nauka obudziła w ludzkości nikłe poczucie braku bezpieczeństwa, a nawet nieistotności rzeczy materialnych. Gdzież doprawdy miałby się obecnie udać człowiek, jeśli nie do swojego Źródła i Początku, Ducha w nim samym?

❖ ❖ ❖

Wiek atomu ujrzy, jak otrzeźwieją i poszerzą się ludzkie umysły dzięki niekwestionowanej już przez naukę prawdzie, że materia jest w rzeczywistości skoncentrowaną energią. Ludzki umysł może i musi uwolnić w sobie energie większe od tych, które zawarte są w kamieniach i metalach, aby materialny atomowy gigant, dopiero co uwolniony, nie zwrócił się ku światu w bezmyślnym akcie zniszczenia. Pośrednią korzyścią wypływającą z ludzkich obaw dotyczących bomby atomowej, może być większe praktyczne zainteresowanie nauką jogi, prawdziwego „schronu przeciwatomowego".

❖ ❖ ❖

Na świecie zawsze będą zamieszki i problemy. O co się martwicie? Idźcie do Bożego schronu, tam, dokąd poszli Mistrzowie i skąd czuwają, i pomagają światu. Będziecie wiecznie bezpieczni, nie tylko sami, ale razem z tymi wszystkimi bliskimi, którzy zostali powierzeni wam w opiekę przez naszego Pana i Ojca.

❖ ❖ ❖

Prawdziwe szczęście, trwałe szczęście, znajduje się jedynie w Bogu, „odnajdując Go, nic więcej nie mam już do zyskania".[2] W Nim jest jedyne schronienie, jedyne bezpieczeństwo, jedyna ucieczka od wszystkich naszych obaw. Nie ma innego zabezpieczenia na świecie, żadnej innej wolności. Jedyna prawdziwa wolność jest w Bogu. A zatem, usilnie się starajcie nawiązać z Nim kontakt podczas porannej i wieczornej medytacji, podobnie jak i w ciągu dnia podczas wszystkich prac i obowiązków, jakie wykonujecie.

2   Parafraza z *Bhagawadgity* VI:22

Joga uczy, że tam, gdzie jest Bóg, nie ma obaw ani smutku. Jogin[3], który osiągnął sukces, potrafi pozostać niewzruszony pośród walących się z hukiem światów; jest on bezpieczny uświadamiając sobie: „Panie, tam gdzie ja jestem, i Ty musisz przyjść".

❖ ❖ ❖

Nie przywiązuj się do przemijających snów życia. Żyj dla Boga i tylko dla Boga. Jest to jedyna droga do zapewnienia sobie wolności i bezpieczeństwa na tym świecie. Poza Bogiem nie ma bezpieczeństwa; bez względu na to, gdzie pójdziesz, ułuda może cię zaatakować. Bądź wolny już teraz. Bądź synem Bożym teraz; uświadom sobie, że jesteś Jego dzieckiem, tak abyś mógł pozbyć się tego snu ułudy na zawsze.[4] Medytuj głęboko i sumiennie, a pewnego dnia obudzisz się w ekstazie z Bogiem i zrozumiesz, jak nierozsądni są ludzie myśląc, że cierpią. Ty, ja i oni wszyscy są czystym Duchem.

❖ ❖ ❖

Nie obawiaj się przerażającego snu tego świata. Przebudź się w Bożym nieśmiertelnym świetle! Był taki czas, kiedy wydawało mi się, że życie jest jak bezradne oglądanie przerażającego filmu, a ja przypisywałem zbyt duże znaczenie tragediom, które się w nim rozgrywały. Potem, pewnego dnia, gdy medytowałem, wielka światłość pojawiła się w moim pokoju i głos Boży rzekł do mnie: „O czym śnisz? Oto Moje wiekuiste światło, w którym wiele koszmarów pojawia się i odchodzi. Nie są one realne". Jakież to

[3] Zob. Słowniczek
[4] Zob. *maja* w Słowniczku

było ogromne pocieszenie! Koszmary, jakkolwiek okropne by nie były, są jedynie koszmarami. Filmy, przyjemne czy zatrważające, są jedynie filmami. Nie powinniśmy aż tak absorbować naszych umysłów smutnymi i przerażającymi dramatami tego życia. Czyż nie mądrzej jest skierować naszą uwagę na tę Moc, która jest niezniszczalna i niezmienna? Po cóż martwić się nieprzyjemnymi niespodziankami zawartymi w fabule filmu tego świata? Jesteśmy tutaj jedynie przez krótką chwilę. Naucz się lekcji dramatu życia i znajdź swoją wolność.

❖ ❖ ❖

Tuż pod cieniami tego życia znajduje się cudowne Boskie Światło. Wszechświat jest ogromną świątynią Jego obecności. Medytując, wszędzie odnajdziesz drzwi, które prowadzą do Niego. Kiedy będziesz z Nim obcował, żadne spustoszenia tego świata nie odbiorą ci Radości i Spokoju.

———◆•◆———

AFIRMACJA

W życiu i w śmierci, w chorobie, głodzie, zarazie czy biedzie niechaj zawsze lgnę do Ciebie. Pomóż mi uświadomić sobie, że jestem nieśmiertelnym Duchem, nietkniętym przez zmiany jakie niesie dzieciństwo, młodość, starość oraz światowe wstrząsy.

ROZDZIAŁ 6

Mądrość w rozwiązywaniu problemów i podejmowaniu życiowych decyzji

Świat, taki jaki jest, będzie szedł naprzód ze swoimi wzlotami i upadkami. Gdzie mamy szukać właściwego kierunku? Na pewno nie w uprzedzeniach wzbudzanych w nas przez nasze nawyki i wpływy środowiskowe naszych rodzin, naszej ojczyzny czy świata; powinniśmy go szukać w przewodnim głosie Prawdy, która jest w nas.

❖ ❖ ❖

Prawda nie jest teorią ani spekulatywnym systemem filozoficznym, ani nie można jej objąć umysłem. Prawda to dokładna zgodność z Rzeczywistością. Dla człowieka Prawda jest niezachwianą wiedzą o jego prawdziwej naturze, jego Jaźni jako duszy.

❖ ❖ ❖

W codziennym życiu prawda to świadomość kierowana przez duchową mądrość, która popycha nas do pewnych działań, nie dlatego że wszyscy tak radzą, ale dlatego że są one właściwe.

❖ ❖ ❖

Kiedy jesteś w bezpośrednim kontakcie ze Stwórcą tego

wszechświata, to jesteś w bezpośrednim kontakcie z całą mądrością i zrozumieniem.

❖ ❖ ❖

To nie wtłaczanie wiadomości z zewnątrz daje mądrość; to moc i stopień twojej receptywności decyduje, ile prawdziwej wiedzy możesz osiągnąć i jak szybko.

❖ ❖ ❖

Kiedy pojawia się problem, zamiast go rozpamiętywać, rozważ każdą możliwą ścieżkę działania, żeby uwolnić się od niego. Jeśli nie jesteś w stanie nic wymyślić, to porównaj swój konkretny problem z podobnymi problemami innych i z ich doświadczeń dowiedz się, jakie metody prowadzą do niepowodzenia, a jakie prowadzą do sukcesu. Wybierz kroki, które wydają się logiczne i praktyczne, a następnie zajmij się ich wdrażaniem. Cała biblioteka wszechświata kryje się w tobie. Wszystko, co chcesz wiedzieć, jest w tobie. Aby to wydobyć na powierzchnię, myśl kreatywnie.

❖ ❖ ❖

Możliwe, że jesteś poważnie zaniepokojony swoim dzieckiem, własnym zdrowiem lub spłatą kredytu. Nie znajdując natychmiastowego rozwiązania, zaczynasz martwić się sytuacją. I co masz z tego? Ból głowy, nerwicę, problem z sercem. Ponieważ nie analizujesz jasno siebie i swoich problemów, to nie wiesz, jak panować nad swoimi uczuciami czy sytuacją, z którą masz do czynienia. Zamiast marnować czas zamartwianiem się, pomyśl pozytywnie, w jaki sposób można by usunąć przyczynę problemu.

Jeśli chcesz pozbyć się problemu, to spokojnie przeanalizuj swoje trudności, ustalając punkt po punkcie plusy i minusy sytuacji; następnie zdecyduj, jakie najlepsze kroki powinieneś podjąć, żeby osiągnąć cel.

❖ ❖ ❖

Zawsze jest sposób na wyjście z kłopotów; i jeśli poświęcisz czas, żeby jasno pomyśleć, w jaki sposób pozbyć się przyczyny swojego niepokoju, zamiast jedynie zamartwiać się, dojdziesz do mistrzostwa.

Wszyscy ludzie, którzy osiągnęli sukces, poświęcają wiele czasu na głęboką koncentrację. Potrafią zanurzyć się głęboko w swoje umysły, aby znaleźć perły właściwych rozwiązań dla problemów, z którymi mają do czynienia. Jeśli nauczysz się, jak wycofać uwagę ze wszystkich rozpraszających cię przedmiotów i umieścić ją na jednym przedmiocie koncentracji,[1] to i ty również będziesz potrafił przyciągać na życzenie wszystko, czego potrzebujesz.

Rozwijanie zdolności wnikliwego osądu

Kiedy uspokoisz umysł, to jakże szybko, jakże łatwo, jakże doskonale będziesz mógł wszystko postrzegać.

❖ ❖ ❖

Oczy człowieka wyciszonego odzwierciedlają spokój, twarz bystrą inteligencję, a jego umysł wykazuje należytą receptywność.

---

[1] Odniesienie do technik koncentracji naukowej jogi nauczanych w *Lekcjach Self-Realization Fellowship*

Człowiek taki jest zdolny do zdecydowanego i szybkiego działania, i nie kierują nim pojawiające się w nim nagłe impulsy i pragnienia.

❖ ❖ ❖

Zawsze pomyśl najpierw o tym, co masz zamiar zrobić i jaki to będzie miało na ciebie wpływ. Działanie pod wpływem impulsu nie jest wolnością, bo wiąże cię z dotkliwymi skutkami niewłaściwych czynów. Natomiast robienie rzeczy, które jak podpowiada ci twoja zdolność rozróżniania, są dla ciebie dobre, jest wyzwalające. Działanie takie, polegające na kierowaniu się mądrością, nadaje życiu wymiar boski.

❖ ❖ ❖

Człowiek nie powinien być psychicznym automatem, tak jak zwierzę, które działa jedynie instynktownie. Bycie bezmyślnym jest wielkim grzechem przeciwko Duchowi, który w tobie zamieszkuje; mamy być świadomi tego, co czynimy. Powinniśmy się zastanowić, zanim zaczniemy działać. Powinniśmy nauczyć się, jak używać umysłu tak, abyśmy mogli się rozwijać i urzeczywistniać naszą jedność ze Stwórcą. Wszystko to, co mamy zrobić, powinno być uprzednio przemyślane.

❖ ❖ ❖

Studentka popełniła poważny błąd. Rozpaczała: „Zawsze pielęgnowałam dobre nawyki. Wydaje mi się nie do wiary, że mogło mi się przytrafić takie nieszczęście".

„Twoim błędem było to, że za bardzo polegałaś na dobrych

nawykach i zapominałaś o stosowaniu umiejętności rozróżniania – odparł Paramahansa Jogananda. – Twoje dobre nawyki pomagają ci w zwyczajnych i dobrze znanych sytuacjach, ale mogą okazać się niewystarczające, by pokierować tobą, kiedy pojawi się nowy problem. Wtedy konieczna jest umiejętność rozróżniania. Poprzez głębszą medytację nauczysz się wybierać właściwą drogę we wszystkim, nawet wtedy, gdy spotkasz się z nieprzewidzianą sytuacją.

Człowiek nie jest automatem, a zatem nie zawsze potrafi żyć mądrze, kierując się po prostu regułami i sztywnymi moralnymi zasadami. Wielka różnorodność codziennych problemów i zdarzeń pozwala nam na rozwój dobrego osądu".

❖ ❖ ❖

Niepokój – który mąci i rozprasza umysł – zaciera jasność wizji i wprowadza niezrozumienie. Emocje zacierają jasność wizji. Nastroje zacierają jasność wizji. Większość ludzi działa nie poprzez zrozumienie, ale zależnie od swoich nastrojów.

❖ ❖ ❖

Zrozumienie jest wizją twojej wewnętrznej istoty, wzrokiem duszy, teleskopem serca. Zrozumienie jest równowagą spokojnej inteligencji i czystości serca [...]. Emocja to zniekształcone uczucie, które pokieruje tobą do zrobienia czegoś złego. Jednak zrozumienie, które wynika wyłącznie z intelektu, jest oschłe; ono również nauczy cię źle postępować [...]. Musisz mieć zrównoważone zrozumienie. Jeśli twoim zrozumieniem zarządza zarówno serce, jak i głowa, to wówczas posiadasz jasną wizję siebie i innych.

❖ ❖ ❖

Powinieneś przeanalizować wszelkie uprzedzenia, którym podlega twoje zrozumienie. Za każdym razem, kiedy podejmujesz decyzję lub działanie, zapytaj samego siebie, czy czynisz to poprzez zrozumienie, czy pod wpływem emocji lub wskutek innego szkodliwego czynnika mającego wpływ na twój umysł. Dopóki kieruje tobą chciwość lub gniew; dopóki wpływ na ciebie ma złe myślenie innych; dopóki czujesz się dotknięty, będąc niezrozumianym przez innych, dopóty twoje własne zrozumienie nie będzie jasne.

❖ ❖ ❖

Ludzki rozum zawsze może znaleźć „za i przeciw", zarówno dla dobrych, jak i złych uczynków; jest on z natury nielojalny. Umiejętne rozróżnianie uznaje jedno podstawowe kryterium: duszę.

❖ ❖ ❖

Wyobraź sobie dwóch mężczyzn. Po ich prawej stronie znajduje się dolina życia, a po lewej jest dolina śmierci. Obaj są ludźmi rozumnymi, ale jeden idzie w prawo, a drugi w lewo. Dlaczego? Ponieważ jeden właściwie zastosował swoją zdolność rozróżniania, a drugi nadużył jej, pozwalając sobie na błędną interpretację.

❖ ❖ ❖

Obserwuj swoje pobudki we wszystkim. Zarówno chciwiec, jak i jogin jedzą. Ale czy powiedziałbyś, że jedzenie jest grzechem, ponieważ jest często kojarzone z łakomstwem? Nie. Grzech kryje się w myśli, w pobudce. Przyziemny człowiek je, żeby zaspokoić swoje łakomstwo, natomiast jogin je, żeby zachować ciało w zdrowiu. Jest to wielka różnica. Podobnie, jeden człowiek popełnia morderstwo i zostaje za to powieszony; inny człowiek zabija wielu ludzi na polu bitwy w obronie swojej ojczyzny i dostaje medal. Powtórnie, to, co decyduje o różnicy, to pobudka. Moraliści ustanawiają absolutne reguły, ja natomiast podaję przykłady, żeby pokazać ci, jak możesz żyć w świecie względności, zachowując samokontrolę uczuć, ale nie będąc automatem.

❖ ❖ ❖

Naukowy sposób na życie polega na wgłębianiu się w siebie i zadawaniu sobie pytania, czy robię dobrze, czy źle, oraz byciu absolutnie szczerym z samym sobą. Jeśli jesteś szczery z samym sobą, to mało prawdopodobne jest, że kiedykolwiek postąpisz źle; a nawet, jeśli ci się to zdarzy, to będziesz umiał szybko siebie skorygować.

❖ ❖ ❖

Każdego ranka i wieczora pogrąż się w ciszy lub głębokiej medytacji, ponieważ medytacja jest jedynym sposobem na rozróżnienie prawdy od błędu.

❖ ❖ ❖

Naucz się kierować swoim sumieniem, boską zdolnością rozróżniania, którą w sobie masz.

❖ ❖ ❖

Bóg jest szeptem w świątyni twojego sumienia i jest On
światłem intuicji. Wiesz, kiedy czynisz źle; czujesz to całą swoją
istotą, i to uczucie jest głosem Boga. Jeśli Go nie słuchasz, to On
milknie. Ale kiedy budzisz się ze swojej ułudy i chcesz czynić
dobrze, to On tobą pokieruje.

❖ ❖ ❖

Dzięki nieustannemu kierowaniu się wewnętrznym głosem
sumienia, które jest głosem Boga, staniesz się prawdziwie moral-
ną osobą, wysoce duchową istotą, człowiekiem pokoju.

Intuicja: wgląd w duszę

Intuicja to przewodnictwo duszy pojawiające się naturalnie
w człowieku podczas tych chwil, w których umysł jest spokojny.
[...] Celem naukowej jogi jest uspokojenie umysłu, tak aby bez
zniekształceń mógł słyszeć nieomylne rady Wewnętrznego Głosu.

❖ ❖ ❖

„Rozwiązuj wszystkie swoje problemy poprzez medytację",
mówił Lahiri Mahaśaja. „Dostrój się do aktywnego wewnętrznego Przewodnika; Boski Głos ma odpowiedź na wszelkie dylematy
życia. Chociaż ludzka pomysłowość w przysparzaniu sobie problemów wydaje się niewyczerpana, to Nieskończony Sukurs jest
równie przedsiębiorczy".

❖ ❖ ❖

Pragnienie, byśmy polegali wyłącznie na Nim, nie oznacza według Boga, że nie powinniśmy myśleć samodzielnie; Bóg chce, żebyśmy używali własnej inicjatywy. Chodzi o to, że jeśli nie poszukujesz najpierw świadomego zestrojenia z Bogiem, to odcinasz się od Źródła i nie możesz otrzymać pomocy. Kiedy będziesz zwracać się o wszystko najpierw do Niego, to On tobą pokieruje; odkryje przed tobą twoje błędy po to, abyś mógł zmienić samego siebie oraz zmienić kierunek swego życia.

❖ ❖ ❖

Pamiętaj, że zamiast analizować coś w myślach na milion sposobów, lepiej jest usiąść i medytować o Bogu dotąd, dopóki nie poczujesz wewnętrznego spokoju. A wtedy powiedz Panu: „Nie potrafię rozwiązać moich problemów sam, nawet za pomocą biliona różnych myśli, ale mogę je rozwiązać składając je w Twoje ręce, prosząc najpierw o Twoje przewodnictwo, a następnie kierując się nim, rozważyć pod różnym kątem wszelkie możliwe rozwiązania". Bóg pomaga tym, którzy pomagają sami sobie. Kiedy umysł jest spokojny i napełniony wiarą po modlitwie do Boga w czasie medytacji, to jesteś w stanie zobaczyć różne rozwiązania twoich problemów; a ponieważ twój umysł jest spokojny, jesteś w stanie wybrać to najlepsze. Zastosuj to rozwiązanie, a osiągniesz sukces. Na tym polega stosowanie naukowego aspektu religii w codziennym życiu.

❖ ❖ ❖

„Ludzkie życie jest nękane przez smutek dopóty, dopóki nie

nauczymy się, jak zestroić się z Boską Wolą, której «właściwy kierunek» często jest zagadkowy dla egoistycznej inteligencji", powiedział Śri Jukteśwar. „Jedynie Bóg daje bezbłędne rady; któż, jeśli nie On, niesie ciężar kosmosu?".

❖ ❖ ❖

Kiedy poznamy Ojca Niebieskiego, to znajdziemy rozwiązania nie tylko wszystkich naszych problemów, ale i tych, które dręczą świat. Dlaczego żyjemy i dlaczego umieramy? Dlaczego zdarza się to, co się zdarza obecnie i dlaczego zdarzyło się to, co zdarzyło się w przeszłości? Wątpię, czy przyjdzie kiedyś na ziemię święty, który odpowie na wszystkie pytania wszystkich ludzi. Ale w świątyni medytacji każda zagadka życia, która niepokoi nasze serca, zostanie rozwiązana. Kiedy wejdziemy w kontakt z Bogiem, poznamy odpowiedzi na łamigłówki życia i znajdziemy rozwiązania wszystkich problemów.

―――――❖―――――

AFIRMACJA

Ojcze Niebieski, będę używał rozumu, wykażę wolę, będę działał, ale pokieruj moim rozumem, wolą i działaniem tak, abym czynił to, co właściwe.

ROZDZIAŁ 7

Osiąganie celów

Nic nie jest niemożliwe, chyba że myślisz, że jest.

❖ ❖ ❖

Jako istota śmiertelna jesteś ograniczony, ale jako dziecko Boże jesteś nieograniczony. [...] Skup swoją uwagę na Bogu, a będziesz miał wszelką moc potrzebną, by jej użyć w dowolnym celu.

❖ ❖ ❖

Zastosowanie dynamicznej siły woli

Jesteś wizerunkiem Boga, a wola jest twoim instrumentem. W woli kryje się Jego nieograniczona moc, moc, która steruje wszystkimi siłami natury. Skoro jesteś stworzony na Jego podobieństwo, to moc ta jest do twojej dyspozycji, abyś dokonał tego, czego pragniesz.

❖ ❖ ❖

Kiedy zdecydujesz się czynić dobro, osiągniesz cel, jeśli w dążeniu do niego zastosujesz dynamiczną siłę woli. Jeśli bez względu na okoliczności, nie zrezygnujesz z podejmowania prób, Bóg stworzy środki, dzięki którym twoja wola zostanie właściwie wynagrodzona. Jest to prawda, do której odwołał się Jezus, kiedy powiedział: „Jeśli będziecie mieć wiarę, a nie zwątpicie, [...] gdy powiecie tej górze: Podnieś się i rzuć się w morze, to tak się stanie"[1]. Jeśli bez względu na przeciwności nieustannie będziesz stosował swoją siłę woli, to przyniesie ona sukces i zdrowie oraz moc pomagania ludziom, a nade wszystko, przyniesie obcowanie z Bogiem.

❖ ❖ ❖

Kiedy już raz powiedziałeś: „zrobię to", to nigdy się nie poddawaj. Jeśli mówisz: „Nigdy się nie przeziębię", a następnego ranka masz okropne przeziębienie i czujesz się zniechęcony, to pozwalasz swojej woli na słabość. Kiedy widzisz, że dzieje się coś przeciwnego do tego, co wcześniej afirmowałeś, nie wolno ci się zniechęcać. Wierz nieustannie, wiedząc, że tak będzie. Jeśli mówisz: „zrobię to", ale wewnętrznie myślisz: „nie mogę", to wówczas neutralizujesz siłę myśli i osłabiasz wolę.

Jeśli chcesz mieć dom, a umysł mówi: „Ty głupcze, nie stać cię na dom", to musisz wzmocnić swoją wolę. Kiedy „nie mogę" znika z twojego umysłu, wtedy pojawia się boska moc. Dom nie spadnie ci z nieba; musisz nieustannie wykrzesywać siłę woli poprzez konstruktywne działania. Kiedy wytrwasz, nie dopuszczając myśli o porażce, to obiekt twojej woli musi się zmaterializować. Kiedy nieustannie hartujesz swoją wolę poprzez myśli i działanie, wtedy to czego pragniesz, musi się pojawić. Nawet, jeśli nie ma na świecie niczego, co byłoby zgodne z twoim pragnieniem, jeśli wytrwasz, to pożądany rezultat w jakiś sposób się przejawi.

❖ ❖ ❖

1 Mt 21:21

Mózg doczesnego człowieka pełen jest „nie mogę". Rodząc się w rodzinie posiadającej pewne cechy i nawyki, człowiek ulega ich wpływom i myśli, że nie może zrobić pewnych rzeczy; nie może dużo chodzić, nie może jeść tego czy tamtego, nie może znieść tego czy owego. Te „nie mogę" muszą zostać usunięte. Masz w sobie moc, aby osiągnąć wszystko, czego zapragniesz; moc ta tkwi w woli.

❖ ❖ ❖

Jeśli będziesz trzymał się pewnej myśli z dynamiczną siłą woli, to w końcu przybierze ona namacalną formę fizyczną.

❖ ❖ ❖

Trzymanie się myśli z dynamiczną siłą woli oznacza trzymanie się jej dopóty, dopóki wzorzec tej myśli nie rozwinie dynamicznej siły. Kiedy myśl stanie się dynamiczna dzięki sile woli, to może się objawić według mentalnego wzorca, jaki stworzyłeś.

❖ ❖ ❖

Jak możesz rozwinąć wolę? Wybierz coś, co wydaje ci się niemożliwe do zrealizowania, a następnie z całej mocy postaraj się to zrobić. Kiedy ci się to uda, to przejdź do zrobienia czegoś trudniejszego i kontynuuj ćwiczenie swojej siły woli w ten sposób. Jeśli twoje trudności są wielkie, to módl się głęboko: „Panie, daj mi siłę do pokonania wszystkich trudności". Bez względu na to, kim lub czym jesteś, musisz wykorzystywać swoją siłę woli. *Musisz podjąć taką decyzję*. Wykorzystuj siłę woli zarówno w biznesie, jak i w medytacji.

❖ ❖ ❖

Jeśli po spokojnym przemyśleniu zdecydowałeś, że to, co postanowiłeś zrobić, jest właściwe, to nikt nie powinien być w stanie cię powstrzymać. Gdybym nie miał pracy, to potrząsałbym całym światem dopóty, dopóki ludzie nie powiedzieliby: „Dajcie mu pracę, żeby wreszcie się uspokoił!".

❖ ❖ ❖

Jeśli przekonałeś samego siebie, że jesteś bezradnym śmiertelnikiem i pozwalasz na to, żeby wszyscy inni przekonali cię, że nie potrafisz dostać pracy, to wydałeś wyrok na siebie w swoim umyśle, oceniając, *że jesteś do niczego*. To nie żaden wyrok Boży czy przeznaczenie, ale twoje własne orzeczenie o samym sobie, trzyma cię w biedzie lub w zmartwieniu. O sukcesie albo niepowodzeniu decyduje twój własny umysł. Jeśli własną, daną ci od Boga, wszystko przezwyciężającą wolą, nawet na przekór negatywnej opinii innych, nabierzesz pewności, *że nie pozostaniesz w swoich trudnościach sam ze swoim cierpieniem*, to poczujesz, jak wstępuje w ciebie tajemna boska moc; i zobaczysz, że magnetyzm tego przekonania i mocy otwiera dla ciebie nowe możliwości.

Konstruktywne radzenie sobie z niepowodzeniem

Sezon niepowodzeń to najlepsza pora, żeby siać nasiona sukcesu. Możesz dostać maczugą losu po głowie, ale trzymaj ją wysoko. Zawsze próbuj *jeszcze raz*, nie ważne, jak wiele już razy ci się nie udało. Walcz, kiedy myślisz, że nie możesz już dłużej walczyć albo kiedy sądzisz, że zrobiłeś już wszystko, co

w twojej mocy, albo do chwili, aż twoje wysiłki zostaną uwień-
czone powodzeniem.

❖ ❖ ❖

Naucz się, jak stosować psychologię zwycięstwa. Niektórzy
radzą: „Nie rozmawiaj w ogóle o niepowodzeniu". Ale samo to
nie wystarczy. Najpierw przeanalizuj niepowodzenie i jego przyczyny, wyciągnij wnioski z doświadczenia, a następnie usuń je
z pamięci. Mimo doznawania licznych niepowodzeń, człowiek,
który bez przerwy się stara i jest wewnętrznie niepokonany, jest
prawdziwie zwycięską osobą.

❖ ❖ ❖

Życie może być ponure, mogą pojawiać się trudności, szanse
mogą uciec niewykorzystane, ale nigdy nie mów sobie: „Jestem
skończony. Bóg mnie opuścił". Kto mógłby cokolwiek zrobić
dla takiej osoby? Twoja rodzina może cię opuścić; szczęście może
pozornie cię opuścić; wszystkie siły człowieka i natury mogą się
sprzysiąc przeciwko tobie; ale dzięki jakości boskiej inicjatywy
w tobie, możesz pokonać każdą przeciwność losu spowodowaną
twoimi złymi uczynkami z przeszłości i zwycięsko pomaszerować
do raju.

❖ ❖ ❖

Jeśli kierujesz się Boską Świadomością, to nawet gdy przyszłość wydaje się całkowicie czarna, wszystko ostatecznie wyjdzie
na dobre. Kiedy kieruje tobą Bóg, to nie może ci się nie powieść.

❖ ❖ ❖

Musisz pozbyć się myśli, że Pan ze Swoją cudowną mocą jest daleko w niebie, i że ty jesteś bezradnym robaczkiem zagrzebanym w kłopotach tutaj na ziemi. Pamiętaj, że za twoją wolą znajduje się potężna Wola Boska.

❖ ❖ ❖

Potknięcie się i zejście na złą drogę jest jedynie chwilową słabością. Nie sądź, że jesteś całkowicie stracony. Ten sam grunt, na który upadłeś, może być użyty jako podpora, abyś mógł ponownie się podnieść, jeśli potrafisz uczyć się na swoich doświadczeniach.

❖ ❖ ❖

Jeśli rozpoznasz swój błąd i stanowczo postanowisz nie popełnić go ponownie, to nawet jeśli upadniesz, będzie to o wiele mniejszy upadek, niż gdybyś w ogóle się nie starał.

❖ ❖ ❖

Kiedy przychodzi zima trudnych prób, niektóre liście życia opadają. To jest normalne, nie ma znaczenia. Nie przejmuj się tym. Powiedz: „Nieważne, nadchodzi lato i rozkwitnę znowu". Bóg dał drzewu wewnętrzną siłę do przetrwania najsroższych zim. Ciebie tak samo nią obdarzył. Zimowe pory w życiu przychodzą nie po to, by cię zniszczyć, lecz aby rozpalić w tobie nowy entuzjazm i pobudzić cię do twórczego wysiłku, który rozkwitnie wiosenną porą nowych możliwości pojawiających się przed każdym. Musisz powiedzieć sobie: „Ta zimowa pora mojego życia przeminie. Wydostanę się z potrzasku tych trudności i wypuszczę świeże listki i kwiaty zmian na lepsze".

❖ ❖ ❖

Bez względu na to, ile razy ci się nie powiedzie, staraj się dalej. Bez względu na rezultaty, jeśli niezachwianie postanowiłeś: „Ziemia może się zawalić, ale ja będę starał się z całych sił jak najlepiej potrafię", to wtedy stosujesz dynamiczną wolę i osiągniesz sukces. Dynamiczna wola jest tym, co czyni jednego człowieka bogatym, drugiego silnym, a jeszcze innego świętym.

Koncentracja: klucz do sukcesu

Główną przyczyną wielu niepowodzeń w życiu jest brak koncentracji. Uwaga jest jak reflektor; kiedy wiązka jego światła rozprzestrzenia się po dużym obszarze, jej siła skupienia na konkretnym obiekcie jest słaba, ale skupiona na jednym tylko przedmiocie, staje się mocna. Wielcy ludzie to ludzie skoncentrowani. Potrafią w danym momencie skupić umysł na tylko jednej rzeczy.

❖ ❖ ❖

Powinno się poznać naukową metodę koncentracji[2], dzięki której możliwe jest odłączenie naszej uwagi od przedmiotów, które ją rozpraszają, i skupienie jej na jednej tylko rzeczy w danym momencie. Dzięki sile koncentracji człowiek może użyć niebywałej mocy umysłu do dokonania tego, czego pragnie, i może zaryglować wszystkie drzwi, przez które mogłoby wkraść się niepowodzenie.

❖ ❖ ❖

[2] Nauczana w *Lekcjach Self-Realization Fellowship*.

Wiele osób sądzi, że ich działania muszą być albo niespokoj-ne, albo powolne. To nieprawda. Jeśli zachowasz spokój i będziesz intensywnie skoncentrowany, to wykonasz wszystkie powinności we właściwym tempie.

❖ ❖ ❖

Osoba spokojna w pełni utożsamia swoje zmysły ze środo-wiskiem, w którym się znajduje. Osoba niespokojna nie zauważa niczego, a w konsekwencji popada w konflikty sama z sobą i z in-nymi oraz wszystko źle rozumie. [...] Nigdy nie zmieniaj ośrodka swojej koncentracji ze spokoju na niepokój. Wykonuj czynności wyłącznie w pełnej koncentracji.

❖ ❖ ❖

Zawsze skupiaj umysł całkowicie na tym, co robisz, bez względu na to, jak małe lub pozornie nieistotne może się to wy-dawać. Naucz się także mieć elastyczny umysł, tak abyś mógł w każdej chwili skupić uwagę na czymś innym. Ale przede wszystkim, rób wszystko, będąc na sto procent skoncentrowany.

❖ ❖ ❖

Większość ludzi robi wszystko połowicznie. Używają oni jedynie około jednej dziesiątej swojej uwagi. Dlatego też nie mają mocy, żeby osiągnąć sukces. [...] Rób wszystko ze skupioną uwagą. W pełni moc tę można osiągnąć dzięki medytacji. Kiedy posiadasz tę Bożą moc skupienia, to możesz zastosować ją do zrobienia czegokolwiek i osiągnąć sukces.

Kreatywność

Dostrój się do twórczej mocy Ducha. Będziesz w kontakcie z Nieskończoną Inteligencją, która potrafi tobą pokierować i rozwiązać wszystkie problemy. Moc z dynamicznego Źródła twojej istoty popłynie nieprzerwanie, tak że będziesz mógł działać kreatywnie w każdej sferze aktywności.

❖ ❖ ❖

Zadaj sobie następujące pytanie: „Czy kiedykolwiek próbowałem zrobić coś, czego nikt inny nie zrobił?" Jest to punkt wyjściowy w stosowaniu inicjatywy. Jeśli nie zaszedłeś tak daleko w swoich myślach, to jesteś jak setki innych, którzy błędnie sadzą, że nie posiadają mocy, żeby działać inaczej, niż aktualnie działają. Są oni jak lunatycy; sugestie płynące z ich podświadomego umysłu dały im świadomość ludzi o mocy jednego konia mechanicznego.

Jeśli szedłeś dotąd przez życie w tym somnambulicznym stanie, to musisz się przebudzić afirmując: „Posiadam największą z ludzkich zalet – inicjatywę. Każdy człowiek posiada jakąś iskierkę mocy, dzięki której może stworzyć coś, co nie zostało jeszcze stworzone. Widzę jednak, jak łatwo mógłbym dać się zwieść śmiertelnej świadomości ograniczeń, która dominuje w świecie, gdybym dał się zahipnotyzować przez środowisko!".

❖ ❖ ❖

Co to jest inicjatywa? Jest to twórcza zdolność w tobie, iskra Nieskończonego Stwórcy. Jest ona w stanie dać ci moc stworzenia czegoś, czego nikt inny nigdy nie stworzył. Zachęca cię do robienia pewnych rzeczy na nowe sposoby. Osiągnięcia osoby z inicjatywą mogą być tak spektakularne jak spadająca gwiazda. Najwyraźniej tworząc coś z niczego, taka osoba demonstruje, że pozornie niemożliwa rzecz może stać się możliwa dzięki zastosowaniu wielkiej mocy Ducha.

❖ ❖ ❖

Ten, kto jest twórczy, nie czeka na okazję, obwiniając okoliczności, zły los czy bogów. Wykorzystuje on szanse albo stwarza je za pomocą magicznej różdżki swojej woli, wysiłku i wnikliwego rozróżniania.

❖ ❖ ❖

Zanim zabierzesz się do ważnych przedsięwzięć, usiądź w ciszy, uspokój zmysły i myśli, i głęboko medytuj. Wówczas pokieruje tobą doskonała twórcza moc Ducha.

❖ ❖ ❖

Cokolwiek chcesz zrobić, myśl o tym dotąd, aż ta idea cię pochłonie. Myśl, myśl, myśl i rób plany. Następnie poczekaj trochę; nie rzucaj się w coś od razu. Zrób krok, a następnie pomyśl więcej. Coś w tobie podpowie ci, co masz zrobić. Zrób to i pomyśl znowu. Otrzymasz dalsze wskazówki. Ucząc się zagłębiania w siebie, połączysz swoją świadomość z nadświadomością duszy, co pozwoli ci z nieskończoną siłą woli, cierpliwością i intuicją wyhodować te idee-nasiona sukcesu.

❖ ❖ ❖

Skoro tylko wpadniesz na dobrą myśl, to pracuj nad nią. Niektórzy ludzie mają dobre pomysły, ale nie mają wytrwałości, żeby je przemyśleć i wypracować. Musisz mieć odwagę, wytrwałość i myśleć: „Zamierzam doprowadzić mój pomysł do realizacji. Może się tak stać, że nie odniosę sukcesu w tym życiu, ale dokonam wysiłku". Myśl i działaj, myśl i działaj. To sposób na to, aby rozwinąć potęgę umysłu. Każda idea jest jak małe nasionko, o które musisz zadbać, by wykiełkowało.

❖ ❖ ❖

Wielu ludzi próbuje osiągnąć coś w sferze myśli, ale poddaje się, kiedy wyłaniają się trudności. Jedynie te osoby, które bardzo silnie potrafiły zwizualizować swoje myśli, przejawiły je w formie zewnętrznej.

❖ ❖ ❖

Wyobraźnia [zdolność do wyobrażania sobie i wizualizowania] jest bardzo ważnym czynnikiem w twórczym myśleniu. Ale wyobrażenie musi dojrzeć i stać się przekonaniem. Nie można tego osiągnąć bez silnej woli. Jeśli jednak wyobrazisz sobie coś z całą mocą woli, to twoje wyobrażenie przekształci się w przekonanie. A jeśli potrafisz utrzymać to przekonanie na przekór wszelkim przeciwnościom, to stanie się ono rzeczywistością.

❖ ❖ ❖

W myślach planuj drobne rzeczy i staraj się je materializować dotąd, aż uda ci się ziścić również i wielkie marzenia.

❖ ❖ ❖

Ludzie sukcesu to ci, którzy są na tyle zapobiegliwi, że two-
rzą w swoich umysłach niezatarty plan tego, co pragną zbudować
lub zrealizować na tej ziemi. Wspierani przez bankiera twórczych
zdolności, zatrudniają oni swoją siłę woli jako wykonawcę, pre-
cyzyjną uwagę jako cieślę, a cierpliwość jako niezbędnych ro-
botników, żeby zmaterializować w prawdziwym życiu pożądany
rezultat albo przedmiot.

❖ ❖ ❖

Zawsze, gdy chcesz coś stworzyć, nie polegaj na zewnętrznym
źródle, lecz wejdź głęboko w siebie i poszukaj Nieskończonego
Źródła. Wszystkie metody sukcesu w biznesie, wszelkie wyna-
lazki, wszelkie wibracje muzyczne i wszystkie inspirujące myśli
i pisma są zapisane w annałach Boga.

❖ ❖ ❖

Pracuj nad swoimi postępami razem z Bogiem. Jest to najważniejsze w całym twórczym myśleniu.

Tworzenie sukcesu we wszystkich dziedzinach

Ten jest najmądrzejszy, kto poszukuje Boga. Ten osiągnął
największy sukces, kto znalazł Boga.

❖ ❖ ❖

Sukces nie jest prostą sprawą; nie można go oszacować jedynie ilością pieniędzy i dóbr materialnych, które posiadasz.
Sukces ma dużo głębsze znaczenie. Można go jedynie zmierzyć
tym, w jakim stopniu twój wewnętrzny spokój i równowaga

psychiczna umożliwiają ci bycie szczęśliwym we wszystkich okolicznościach. To jest prawdziwy sukces.

❖ ❖ ❖

Wielcy nauczyciele nigdy nie będą radzić ci, żebyś zaniedby-
wał się w czymkolwiek; będą uczyć cię zachowania równowagi
w życiu. Niewątpliwie musisz pracować, żeby nakarmić i odziać
ciało. Jeśli jednak dopuszczasz do tego, że jeden obowiązek pozostaje w konflikcie z drugim, to jeden z nich nie jest właściwym
obowiązkiem. Tysiące biznesmenów jest tak zajętych gromadze-
niem majątku, że zapominają o tym, iż nabawiają się przez to
chorób serca! Jeśli obowiązek wobec dobrobytu sprawia, że zapominasz o obowiązku wobec zdrowia, to nie jest on obowiązkiem.
Trzeba rozwijać się w sposób harmonijny. Nie ma sensu poświę-
cać szczególnej uwagi rozwojowi doskonałego ciała, jeśli mieści
ono w sobie mózg wielkości orzeszka. Musimy również rozwijać
umysł. Także, jeśli posiadasz doskonałe zdrowie, bogactwo i in-
telekt, ale nie jesteś szczęśliwy, to nadal nie osiągnąłeś sukcesu
w życiu. Kiedy możesz szczerze powiedzieć: „Jestem szczęśliwy
i nikt mi tego szczęścia nie może odebrać”, to jesteś królem –
odnalazłeś odbicie Boga w sobie.

❖ ❖ ❖

Inną miarą sukcesu jest to, że nie tylko osiągamy harmonijne
i korzystne rezultaty dla samych siebie, ale również dzielimy się
tymi korzyściami z innymi.

❖ ❖ ❖

Życie powinno być przede wszystkim służbą dla innych. Bez tego ideału inteligencja, którą Bóg nas obdarzył, mija się ze swoim celem. Kiedy służąc innym, zapomnisz o swoim małym ja, to odczujesz wielką Jaźń Ducha. Podobnie jak życiodajne promienie słońca ożywiają wszystko, tak i ty powinieneś rozsyłać promienie nadziei do serc biednych i opuszczonych, rozniecać odwagę w sercach przygnębionych i rozpalać nową siłę w sercach tych, którzy myślą, że są przegrani. Kiedy uświadomisz sobie, że życie jest radosną batalią obowiązków, a jednocześnie przemijającym snem, i kiedy napełni cię radość czynienia innych szczęśliwymi poprzez dawanie im dobroci i spokoju, to wtedy w oczach Boga twoje życie jest sukcesem.

Wartość entuzjazmu

Jakakolwiek praca, jeśli wykonuje się ją we właściwym duchu, daje zwycięstwo nad samym sobą [...]. To, co się liczy, to nastawienie z jakim pracujesz. Lenistwo umysłowe i praca bez entuzjazmu niszczą nas. Ludzie często pytają mnie: „W jaki sposób robisz tak wiele rzeczy?". Dzieje się tak, ponieważ robię wszystko z wielką przyjemnością i w duchu służby. Wewnętrznie cały czas jestem z Bogiem. I chociaż śpię bardzo mało, to zawsze czuję się świeżo i jestem wypoczęty, ponieważ wykonuję swoje obowiązki z właściwym podejściem: że służenie jest przywilejem.

❖ ❖ ❖

Umysłowej niechęci do pracy towarzyszy niepokój i brak energii. Entuzjazm i ochota idą ramię w ramię ze świeżym dopływem energii. W tych faktach możemy dostrzec subtelny związek pomiędzy wolą i energią. Im więcej woli, tym bardziej niewyczerpana jest energia.

❖ ❖ ❖

Jeśli wykonujesz w swoim życiu skromną pracę, to nie przepraszaj za to. Bądź z tego dumny, bo wypełniasz obowiązek dany ci przez Ojca. On potrzebuje ciebie w tym szczególnym miejscu; wszyscy ludzie nie mogą odgrywać tej samej roli. Dopóki pracujesz, żeby zadowolić Boga, dopóty wszystkie kosmiczne siły będą cię harmonijnie wspomagały.

❖ ❖ ❖

W oczach Boga nic nie jest ani wielkie, ani małe. Gdyby nie Jego dokładność przy konstrukcji atomu, to czyż niebiosa mogłyby poszczycić się wspaniałymi konstelacjami Wegi czy Arktura? Rozróżnienie pomiędzy „ważny" i „nieważny" nie jest z pewnością znane Panu, inaczej kosmos rozpadłby się z braku choćby najdrobniejszej cząstki!

❖ ❖ ❖

Próbuj robić małe rzeczy w niezwykły sposób.

❖ ❖ ❖

Powinieneś się rozwijać – staraj się być najlepszy w swojej profesji. Wyrażaj nieograniczoną moc duszy we wszystkim, czego się podejmujesz. [...] Musisz być nieustannie twórczy i osiągać nowe sukcesy; i nie wolno ci stawać się automatem. Każda praca oczyszcza nas, jeśli wykonując ją, kierujemy się właściwą motywacją.

❖ ❖ ❖

Koncentracja to skupienie uwagi wyłącznie na jednym punkcie [...]. Używaj tak skoncentrowanej uwagi, aby szybko zrobić coś, co inaczej zajęłoby dużo czasu.

❖ ❖ ❖

Poprzez nieustępliwość, poprzez doskonalenie kreatywnej oryginalności i rozwijanie swoich talentów, dzięki nieograniczonej mocy Boga, która pochodzi z codziennego z Nim obcowania w głębokiej medytacji; poprzez stosowanie uczciwych metod w biznesie, lojalności wobec swojego pracodawcy i myśleniu o jego firmie tak, jakby była twoją własną; oraz poprzez rozwijanie intuicyjnego zestrojenia ze swoim bezpośrednim przełożonym lub z właścicielem firmy, a także z twoim Kosmicznym Pracodawcą – Bogiem – niezawodnie uda ci się spełnić oczekiwania twojego pracodawcy z biura oraz twojego Boskiego Pracodawcy.

❖ ❖ ❖

Łatwo jest być bezczynnym albo pozbawionym nadziei i w ten sposób zaprzestać starań w kierunku osiągnięcia sukcesu finansowego w życiu. Łatwo jest zarobić pieniądze nieuczciwie, kiedy taka możliwość się nadarzy. Nie mniej jednak błędem jest, kiedy zwalniamy siebie z wysiłku zarabiania na życie uczciwie. [...]

Wyjątkowym człowiekiem jest ten, który zarabia duże sumy

pieniędzy bezinteresownie, uczciwie, szybko, jedynie dla Boga i Jego dzieła oraz po to, aby uszczęśliwiać innych. Taka działalność rozwija wiele znakomitych cech charakteru, które pomagają zarówno na ścieżce duchowej, jak i na ścieżce materialnej. Zarabianie pieniędzy uczciwie i pracowicie, po to aby służyć Bożemu dziełu, jest kolejną wielką sztuką po sztuce urzeczywistnienia Boga. Odpowiedzialność, znajomość organizacji, porządek, zdolności przywódcze oraz zmysł praktyczny rozwijają się podczas tworzenia sukcesu ekonomicznego i są konieczne dla wszechstronnego rozwoju człowieka.

Bogactwo i dobrobyt

Ci, którzy poszukują dobrobytu jedynie dla samych siebie, zostają w końcu biedni albo cierpią z powodu dysharmonii umysłu; ale ci, którzy uważają świat za swój dom i którzy naprawdę troszczą się i pracują dla dobra grupy ludzi lub dla dobrobytu świata [...] znajdą osobisty dobrobyt, który im się prawnie należy. Jest to niezawodne i tajemne prawo.

❖ ❖ ❖

Bezinteresowność jest podstawową zasadą prawa dobrobytu.

❖ ❖ ❖

Nie posiadam niczego, ale wiem, że gdybym był głodny, to znalazłyby się tysiące ludzi na świecie, którzy by mnie nakarmili, ponieważ i ja dałem coś tysiącom. Takie samo prawo działać będzie dla każdego, kto myśli nie o sobie, że może głodować, ale o drugiej osobie w potrzebie.

❖ ❖ ❖

Codziennie zrób coś dobrego, aby pomóc innym, nawet jeśli jest to drobnostka. Jeśli chcesz kochać Boga, to musisz kochać ludzi. Są oni Jego dziećmi. Możesz pomóc materialnie tym, którzy są w potrzebie, a także wesprzeć emocjonalnie przynosząc pocieszenie zrozpaczonym, odwagę bojaźliwym, boską przyjaźń i moralne wsparcie słabym. Rozsiewasz również nasiona dobra, kiedy starasz się zainteresować innych Bogiem i rozwijasz w nich głębszą miłość do Boga, silniejszą wiarę w Niego. Kiedy opuścisz ten świat, to pozostawisz za sobą bogactwa materialne; ale wszelkie dobro, które uczyniłeś, pójdzie z tobą. Bogacze, którzy żyją w skąpstwie, i egoiści, którzy nigdy nie pomagają innym, nie przyciągną do siebie bogactwa w następnym życiu. Ale ci, którzy dają i dzielą się, bez względu na to, czy mają dużo czy mało, przyciągną dobrobyt. Takie jest prawo Boże.

❖ ❖ ❖

Myśl o Boskiej Obfitości jak o wielkim, odświeżającym deszczu; napełni on każde naczynie, które będzie w pobliżu. Jeśli podstawisz blaszany kubek, to otrzymasz jedynie tyle, ile może on pomieścić. Jeśli podstawisz miskę, to ona zostanie napełniona. Z jakim naczyniem zwracasz się do Boskiej Obfitości? Może to twoje naczynie jest uszkodzone; jeśli tak, to należy je naprawić, odrzucając cały strach, nienawiść, zwątpienie i zazdrość, a następnie umyć w oczyszczających wodach spokoju, wyciszenia, oddania i miłości. Boska Obfitość działa zgodnie z prawem służenia innym i z prawem szczodrości. Daj, a potem otrzymuj. Daj światu to, co masz najlepszego, a to, co najlepsze, do ciebie powróci.

❖ ❖ ❖

Dziękczynienie i pochwała otwierają w twojej świadomości drogę do rozwoju duchowego i dostarczają ci dóbr materialnych. Duch sam dąży, aby objawić Siebie wizualnie, kiedy tylko otwiera się kanał, przez który może On przepływać.

❖ ❖ ❖

„Ludziom, którzy medytują o Mnie jako o swoim Najbliższym, wiecznie połączonym ze Mną dzięki nieustannemu oddawaniu Mi czci, zaspokajam potrzeby i sprawiam, że ich zyski są trwałe".[3] [Ci], którzy wierni są swojemu Stwórcy, dostrzegając Go we wszystkich kolejnych etapach życia, odkrywają, że przejął On kontrolę nad ich życiem nawet w najmniejszych szczegółach i z Boską dalekowzrocznością wygładza ich ścieżki [...].

Powyższa strofa z Gity przypomina nam słowa Chrystusa: „Starajcie się naprzód o królestwo Boga i Jego sprawiedliwość, a wszystko to będzie wam dodane".[4]

AFIRMACJE NA SUKCES

Będę szedł w doskonałej wierze w moc Wszechobecnego Dobra, które zapewni mi to, czego potrzebuję, wtedy, kiedy tego potrzebuję.

[3] *Bhagawadgita* IX:22
[4] Mt 6:33

❖ ❖ ❖

*Jest we mnie ukryta siła do pokonania wszystkich prze-
szkód i pokus. Wydobędę tę niezwyciężoną moc i energię.*

❖ ❖ ❖

*Będę dziękował Bogu, że potrafię nie ustawać w wysiłkach,
aż z Jego pomocą naprawdę odniosę sukces. Podziękuję Mu,
gdy uda mi się spełnić szlachetne pragnienie mego serca.*

AFIRMACJE NA BOSKĄ OBFITOŚĆ

*Ojcze, pragnę bogactwa, zdrowia i mądrości bez miary,
nie z ziemskich źródeł, ale z Twych posiadających wszystko,
wszechpotężnych, bezgranicznie szczodrych rąk.
Nie będę żebrakiem proszącym o ograniczony doczesny dobrobyt, zdrowie i wiedzę. Jestem Twoim dzieckiem i jako
takie żądam bezgranicznego udziału, jaki należy się bo-
skiemu synowi w Twoim bezkresnym bogactwie.*

❖ ❖ ❖

*Boski Ojcze, oto moja modlitwa: Nie dbam o to, co trwale
posiadam, ale daj mi moc zdobywania, wedle mojej woli,
tego, co codziennie jest mi potrzebne.*

ROZDZIAŁ 8

Wewnętrzny spokój: antidotum na stres, niepokoje i strach

Spokój to idealny stan, w jakim powinniśmy odbierać wszystkie życiowe doświadczenia. Nerwowość jest przeciwieństwem spokoju, a jej powszechne występowanie w obecnych czasach, czyni ją niemalże światową chorobą.

❖ ❖ ❖

Ci, których myśli są nieharmonijne, zawsze będą spotykać się z brakiem harmonii. Zależy to bardziej od postrzegania wewnętrznego niż od warunków zewnętrznych. Kultywuj harmonię w sobie, a rozszerzy się ona na innych [...]. Dokądkolwiek się udasz, w najbardziej niesprzyjających okolicznościach, zdołasz odnaleźć i pielęgnować ukrytą harmonię.

❖ ❖ ❖

Kiedy się zamartwiasz, wtedy zakłócenia przepływają przez radio twojego umysłu. Boska pieśń jest pieśnią spokoju. Nerwowość to zakłócenia; spokój jest głosem Boga mówiącego do ciebie poprzez radio twojej duszy.

❖ ❖ ❖

Spokój jest żywym oddechem Boskiej nieśmiertelności w tobie.

❖ ❖ ❖

Wszystko to, co robisz, powinno być robione ze spokojem. Jest to najlepsze lekarstwo dla ciała, umysłu i duszy. Jest to najcudowniejszy sposób na życie.

❖ ❖ ❖

Spokój to ołtarz Boga, stan, w którym istnieje szczęście.

❖ ❖ ❖

Jeśli skupisz się na postanowieniu, że nigdy nie stracisz spokoju, to wówczas możesz osiągnąć boskość. Miej w sobie tajemną komnatę ciszy, do której nie pozwolisz wejść złym nastrojom, utrapieniom, życiowym bataliom czy dysharmonii. Nie wpuszczaj tam nienawiści, mściwości i żadnych pragnień. Bóg odwiedzi cię w tej komnacie spokoju.

❖ ❖ ❖

Nie można kupić spokoju; musisz wiedzieć, jak wyrobić go w sobie, w ciszy, podczas codziennych praktyk medytacji.

❖ ❖ ❖

Powinniśmy modelować nasze życie na trójkątnym wzorcu: spokój i słodycz są dwoma jego bokami, podstawą jest szczęście. Każdego dnia należy sobie przypominać: „Jestem księciem spokoju, siedzącym na tronie opanowania, kierującym królestwem moich działań". Czy ktoś działa szybko czy powoli, w samotności czy wśród ruchliwych tłumów, to w środku powinien być spokojny, opanowany.

Nerwowość

Ten, kto jest naturalnie spokojny, nie traci zdrowego rozsądku, poczucia sprawiedliwości ani humoru w żadnych okolicznościach. [...] Nie zatruwa tkanek swojego ciała złością ani strachem, które negatywnie wpływają na krążenie. Jest udowodnionym faktem, że mleko rozgniewanej matki może mieć szkodliwy wpływ na dziecko. Jakiego bardziej przekonywującego dowodu możemy żądać na to, że gwałtowne emocje doprowadzają w końcu ciało do stanu żałosnego wraku?

❖ ❖ ❖

Przyczyny chorób nerwowych to nieustanne poddawanie się myślom, w których obecne są strach, gniew, melancholia, wyrzuty sumienia, zazdrość, smutek, nienawiść, niezadowolenie lub obawy; oraz brak środków do normalnego i szczęśliwego życia, takich jak odpowiednie jedzenie, właściwe ćwiczenia fizyczne, świeże powietrze, światło słoneczne, przyjemna praca oraz cel w życiu.

❖ ❖ ❖

Jeśli podłączymy 220-woltową żarówkę do prądu o napięciu 2000 woltów, to żarówka się przepali. Podobnie, system nerwowy nie został zbudowany tak, aby wytrzymywać destrukcyjną siłę intensywnych emocji oraz ciągłych negatywnych myśli i uczuć.

❖ ❖ ❖

Ale nerwowość można uleczyć. Cierpiący musi być skłonny do przeanalizowania swojego stanu i usunięcia zgubnych emocji oraz negatywnych myśli, które po trochu go niszczą. Obiektywna analiza problemów[1] oraz zachowywanie spokoju we wszystkich sytuacjach życiowych uleczy najbardziej uporczywe przypadki nerwowości. [...] Ofiara nerwowości musi zrozumieć swój przypadek oraz musi zastanowić się nad tymi ciągłymi błędami w myśleniu, które są odpowiedzialne za jej nieprzystosowanie do życia.

❖ ❖ ❖

Zamiast spieszyć się dokądś w stanie emocjonalnego podniecenia, a potem, kiedy już tam przybędziesz, nie cieszyć się z tego, ponieważ jesteś niespokojny, spróbuj się bardziej wyciszyć. [...] Kiedy tylko twój umysł staje się niespokojny, poskrom go swoją wolą i nakaż mu się uciszyć.

❖ ❖ ❖

Podniecenie zakłóca równowagę nerwową, wysyłając za dużo energii do niektórych części ciała, a inne pozbawiając należnego im przydziału. Ten brak właściwego rozprowadzenia energii nerwowej jest wyłączną przyczyną nerwowości.

❖ ❖ ❖

Ciało, które jest zrelaksowane i spokojne, przyciąga do siebie spokój umysłu.

❖ ❖ ❖

---

[1] Patrz rozdział 6.

[Technika[2] rozluźniania ciała:]

Napręż się siłą woli: rozkazem woli skieruj przepływ energii życiowej (poprzez proces naprężania) do całego ciała lub jakiejś jego części. Poczuj wibrującą tam energię, energetyzującą i rewitalizującą. *Zrelaksuj się i poczuj:* odpręż się i poczuj kojące mrowienie nowego życia i witalności w naładowanym energią miejscu. *Poczuj,* że nie jesteś ciałem; jesteś życiem, które podtrzymuje ciało. *Odczuwaj* spokój, wolność, większą świadomość, które przychodzą wraz z wyciszeniem, jakie daje praktykowanie tej techniki.

❖ ❖ ❖

Kiedy każdy ruch twojego ciała wyraża spokój, kiedy spokój jest obecny w twoim myśleniu, sile woli i miłości, kiedy spokój i Bóg przejawiają się w twoich ambicjach, to pamiętaj – połączyłeś Boga ze swoim życiem.

Obawa i strach

Chociaż życie wydaje się kapryśne, niepewne i pełne wszelkiego rodzaju kłopotów, to mimo wszystko nadal znajdujemy się pod przewodnią i miłościwą ochroną Boga.

❖ ❖ ❖

[2] Uproszczony opis specjalnej techniki opracowanej w 1916 roku przez Paramahansę Joganandę w celu naładowania ciała witalnością oraz promowania doskonałego relaksu; naucza się jej w *Lekcjach Self-Realization Fellowship.* Ogólna zasada naprężania i rozluźniania stała się w ostatnich czasach popularna i jest stosowana przez nauki medyczne jako pomoc w wielu dolegliwościach, między innymi w celu zmniejszenia nerwowości oraz obniżenia wysokiego ciśnienia krwi.

Nie rób o nic zamieszania. Pamiętaj, że ilekroć się martwisz, pogłębiasz w sobie kosmiczną ułudę.[3]

❖ ❖ ❖

Strach przed niepowodzeniem lub chorobą rozwija się poprzez ciągłe krążenie takich myśli w świadomym umyśle, aż zakorzenią się one w podświadomości, a w końcu w nadświadomości.[4] Wówczas nadświadomie i podświadomie zakorzeniony strach zaczyna kiełkować i wypełnia świadomy umysł roślinami strachu, których niełatwo jest się pozbyć, tak jak można było to uczynić z oryginalną myślą, i w końcu wydają one swoje trujące, śmiercionośne owoce. [...]

Wykorzeń je z siebie poprzez silną koncentrację na odwadze oraz poprzez zwrócenie swojej świadomości w stronę absolutnego spokoju Boga, który jest w tobie.

❖ ❖ ❖

Bez względu na to, czego się boisz, nie myśl o tym i zostaw to Bogu. Miej w Niego wiarę. Wiele cierpienia powoduje już samo martwienie się czymś. Po cóż cierpieć teraz, skoro choroba jeszcze nie nadeszła? Skoro większość naszych dolegliwości rodzi się ze strachu, to jeśli pozbędziesz się strachu, od razu staniesz się wolnym. Uzdrowienie będzie natychmiastowe. Co noc przed snem afirmuj: „Ojciec Niebiański jest ze mną, jestem chroniony".

---

3 Zapominanie przez człowieka o swojej prawdziwej wszechpotężnej duchowej naturze oraz o boskim związku z Bogiem jest przyczyną wszystkich jego cierpień i ograniczeń. Joga naucza, że to zapomnienie czy też ignorancja spowodowane są przez *maję*, czyli kosmiczną ułudę.

4 Wyższy umysł, z którego podświadomość i świadomość czerpią swoją moc.

W myślach otocz siebie Duchem. [...] Poczujesz Jego cudowną ochronę.

❖ ❖ ❖

Kiedy skupisz świadomość na Bogu, to nie będziesz się bał; wówczas każda przeszkoda zostanie pokonana dzięki odwadze i wierze.

❖ ❖ ❖

Strach pochodzi z serca. Jeśli kiedykolwiek poczujesz się przytłoczony strachem przed chorobą lub wypadkiem, to powinieneś zrobić kilka rytmicznych, głębokich wdechów i wydechów, relaksując się z każdym wydechem. Pomaga to krążeniu powrócić do normalnego stanu. Jeśli twoje serce jest prawdziwie spokojne, to nie możesz w ogóle odczuwać strachu.

❖ ❖ ❖

Odprężenie umysłu polega na umiejętności dowolnego uwolnienia uwagi od uporczywego martwienia się minionymi i obecnymi trudnościami, a także od stałego poczucia obowiązku, strachu przed wypadkami i innych dręczących cię lęków; oraz od chciwości, namiętności, i innych niepokojących myśli i przywiązań. Doskonałość w odprężaniu umysłu przychodzi wraz z sumienną praktyką. Osiąga się ją, gdy potrafimy wedle woli pozbyć się z umysłu wszystkich niespokojnych myśli i całkowicie skupić uwagę na spokoju i zadowoleniu wewnętrznym.

❖ ❖ ❖

Zapomnij o przeszłości, bo odeszła z twojego życia! Zapomnij o przyszłości, bo jest poza twoim zasięgiem! Władaj teraźniejszością! Żyj wspaniałym życiem teraz. Zatrze to ślady ciemnej przeszłości i wymusi jasną przyszłość! Taka jest droga mędrca.

❖ ❖ ❖

Bardzo się zniechęcamy, kiedy mamy zbyt wiele na raz do zrobienia. Zamiast martwić się o to, co masz zrobić, po prostu powiedz: „Godzina ta należy do mnie. Wykorzystam ją najlepiej, jak potrafię". Zegar nie może wybić dwudziestu czterech godzin w ciągu jednej minuty; podobnie i ty nie jesteś w stanie zrobić w jedną godzinę tego, co możesz robić w ciągu dwudziestu czterech godzin. Żyj całkowicie w danym momencie, a przyszłość się sama ułoży. W pełni raduj się cudem i pięknem każdej chwili. Praktykuj obecność spokoju. Im usilniej będziesz to robił, tym lepiej będziesz odczuwał obecność tej mocy w swoim życiu.

❖ ❖ ❖

Współczesny człowiek czerpie przyjemność w zdobywaniu coraz więcej i więcej, a to, co się stanie z innymi, nie ma dla niego znaczenia. Ale czy nie lepiej jest żyć prosto – bez tak wielu luksusów i z mniejszą ilością zmartwień? Nie ma żadnej przyjemności w uganianiu się za czymś dotąd, aż utraci się radość z tego, co się zdobyło. [...] Przyjdzie czas, kiedy ludzkość zacznie odchodzić od świadomości potrzeby posiadania tak wielu rzeczy materialnych. Więcej bezpieczeństwa i spokoju odnajdziemy w prostym życiu.

❖ ❖ ❖

Pracoholik, który pracuje bez przerwy przez siedem dni w tygodniu, pozwala na to, by jego dusza została zniewolona przez mechaniczne działanie. Człowiek taki traci zdolność zarządzania swoimi działaniami z pomocą wolnej woli, wnikliwości i spokoju. Staje się wrakiem fizycznym i psychicznym, pozbawionym duchowego szczęścia. Aktywność i spokój trzeba pielęgnować i utrzymywać je w równowadze, aby stworzyć spokój i szczęście zarówno w czasie działania, jak i w ciszy.

❖ ❖ ❖

Przestrzeganie szabatu[5] jako dnia poświęconego Bogu i pielęgnacji ducha oznacza, że chętnie zaprzestajemy wszystkich zajęć, które rozpraszają umysł i kierują go na sprawy materialne [...]. Spędzaj ten dzień na zajęciach przypominających o Bogu, odnawiających duchowo. Wobec tak wielu kuszących ziemskich atrakcji organizowanych w dni szabatu umysły ludzkie szaleją. Jak znaleźć wtedy czas na odnawiający spokój, introspekcję i twórcze myślenie o tym, jakie najlepsze działania podjąć podczas nadchodzącego tygodnia, aby żyć wszechstronnie? Dzień szabatu dobrze spędzony w ciszy, na medytacji i twórczym myśleniu (nie na gorączkowym rozumowaniu, lecz na uspokajaniu myśli, które zostają następnie zastąpione percepcją intuicyjną) wzmacnia duszę, zapewniając jej harmonię, spokój i siłę psychiczną i fizyczną. Dzięki temu może ona wykorzystać zdolność rozróżniania

---

5 Słowo to pochodzi od hebrajskiego *szabas*, „zaprzestać działania, odpoczywać". Dzień „szabatu" przeznaczony na odnowę duchową nie musi być określonym dniem tygodnia; można go z korzyścią przestrzegać któregokolwiek dnia, zależnie od okoliczności lub lokalnej tradycji.

w celu najwyższego rozwoju fizycznego, umysłowego i duchowego człowieka.

❖ ❖ ❖

Jeśli będziesz nieustannie wystawiał czeki, nie wpłacając nic na swoje konto bankowe, to skończą ci się pieniądze. Podobnie jest i z twoim życiem. Bez regularnych wpłat spokoju na konto twojego życia, wyczerpiesz siłę, spokój i szczęście. W końcu staniesz się bankrutem – emocjonalnym, psychicznym, fizycznym i duchowym. Natomiast codzienne obcowanie z Bogiem będzie nieustannie napełniało twoje wewnętrzne konto.

❖ ❖ ❖

Bez względu na to, jak bardzo jesteśmy zajęci, nie powinniśmy zapominać, aby od czasu do czasu kompletnie uwalniać nasze umysły od zmartwień i myśli o wszelkich obowiązkach. [...] Spróbuj przez jedną minutę nie myśleć negatywnie, skupiając umysł na wewnętrznym spokoju, szczególnie wtedy, kiedy się martwisz. Następnie postaraj się pozostawać w cichości umysłu przez kilka minut. Następnie pomyśl o jakimś szczęśliwym wydarzeniu; zatrzymaj się na nim i odtwórz je w pamięci; wielokrotnie w myślach przeżyj ponownie jakieś przyjemne doświadczenie, dopóki nie zapomnisz całkowicie o swoich zmartwieniach.

❖ ❖ ❖

Kiedy czujemy się oblężeni przez psychiczne próby lub zmartwienia, to należy spróbować zasnąć. Jeśli się to nam uda, po przebudzeniu przekonamy się, że napięcie psychiczne zmalało, i że zmartwienie zluźniło swój uścisk.[6] W takich momentach należy sobie przypominać, że nawet gdybyśmy umarli, to ziemia nadal krążyć będzie po swojej orbicie, a biznes będzie się kręcił tak jak zwykle, więc po cóż się martwić?

❖ ❖ ❖

Życie jest rozrywką, kiedy nie bierzemy go zbyt poważnie. Zdrowy śmiech jest doskonałym lekarstwem na ludzkie dolegliwości. Jedną z najlepszych zalet Amerykanów jest ich zdolność do śmiechu. Cudownie jest potrafić śmiać się z życia. Tego nauczył mnie mój mistrz [swami Śri Jukteśwar]. Na początku mojego treningu w pustelni, chodziłem z ponurą twarzą, nigdy się nie uśmiechając. Pewnego dnia Mistrz celnie zauważył: „Cóż to, bierzesz udział w ceremonii pogrzebowej? Czy nie wiesz, że znalezienie Boga jest pogrzebem wszystkich smutków? Po cóż się więc tak chmurzyć? Nie bierz tego życia zbyt poważnie".

❖ ❖ ❖

Wiedząc, że jesteś dzieckiem bożym, postanów być spokojnym, bez względu na to, co się wydarzy. Jeśli twój umysł w pełni utożsamia się z twoimi działaniami, to nie możesz być świadom Boga, ale jeśli jesteś spokojny i otwarty na Niego wewnętrznie, a jednocześnie aktywny na zewnątrz, jest to właściwa aktywność.

❖ ❖ ❖

---

6 Tak jak wyjaśniono na stronie 17, poprzez wejście w podświadomy stan snu, dusza chwilowo wznosi się ponad problemy wynikające z przywiązania do ciała i z jego doświadczeń. Jeszcze lepszą metodą jest wejście w nadświadomy stan obcowania z Bogiem dzięki głębokiej medytacji.

Dzięki medytacji można doświadczać stałego, cichego wewnętrznego spokoju, który może być trwale kojącym tłem dla wszystkich harmonijnych lub uciążliwych zajęć, jakich wymagają obowiązki życiowe. Trwałe szczęście polega na utrzymywaniu tego niezmiennie spokojnego stanu umysłu nawet wtedy, gdy zmartwienia usiłują zakłócić wewnętrzną równowagę albo sukces próbuje wprawić umysł w nienormalnie radosne uniesienie.

Górka piasku nie może się oprzeć niszczącym falom oceanu; człowiek, któremu brakuje niewzruszonego spokoju wewnętrznego, nie będzie opanowany w chwilach psychicznego konfliktu. Lecz podobnie jak diament pozostaje niezmienny bez względu na to, jak wiele fal kłębi się wokół niego, tak samo niezmiennie spokojny człowiek pozostaje promiennie pogodny nawet wtedy, gdy zewsząd oblegają go trudności. Ze zmiennych wód życia ocalmy poprzez medytację diament niezmiennej świadomości duszy, który skrzy się wieczną radością Ducha.[7]

❖ ❖ ❖

Uświadomienie sobie, że wszelka moc myślenia, mowy, odczuwania i działania pochodzi od Boga, i że On jest zawsze

---

[7] „Stan zupełnego wyciszenia odczuć (*citta*) osiągany w medytacji jogicznej, w którym ludzkie ja (ego) postrzega siebie jako Jaźń (duszę) i jest szczęśliwe (utwierdzone) w Jaźni;

Stan, w którym przebudzona intuicyjna inteligencja poznaje przekraczającą zmysły, bezmierną szczęśliwość, i w którym jogin trwa osadzony, już nigdy go nie tracąc;

Stan, który raz osiągnięty, jogin uważa za skarb nad skarbami – gdy jest w nim utwierdzony, nie tknie go nawet najpotężniejsza boleść;

Stan ten nazywa się jogą – stanem wolnym od bólu. Dlatego należy stanowczo i wytrwale przestrzegać praktyki jogi" (*Bhagawadgita* VI:20-23).

z nami, inspirując nas i kierując nami, przynosi natychmiastowe uwolnienie od stanu nerwowości. Wraz z tą świadomością doznaje się przebłysku boskiej radości; czasem głębokie zrozumienie przenika naszą istotę, odpędzając samą ideę strachu. Tak jak ocean, moc Boża napływa, wzbierając w sercu oczyszczającą falą, usuwając wszelkie przeszkody złudnych wątpliwości, nerwowości i strachu. Ułuda materii, świadomość bycia jedynie śmiertelnym ciałem zostaje pokonana poprzez kontakt z błogim spokojem Ducha, osiągalnym w codziennej medytacji. Wówczas wiesz, że ciało jest jedynie maleńkim bąbelkiem energii w Jego kosmicznym oceanie.

AFIRMACJE W CELU UZYSKANIA SPOKOJU I WYCISZENIA

Jestem księciem spokoju, siedzącym na tronie opanowania, kierującym królestwem aktywności.

❖ ❖ ❖

W chwili, gdy mój umysł lub ciało są niespokojne, wycofam się w ciszę i medytację, dopóki nie powróci spokój.

❖ ❖ ❖

Nie będę ani leniwy, ani gorączkowo aktywny. W obliczu każdego życiowego wyzwania dam z siebie wszystko, nie zamartwiając się o przyszłość.

ROZDZIAŁ 9

Uwydatnienie tego, co w tobie najlepsze

Jesteśmy tym, czym *myślimy*, że jesteśmy. Nawykowe skłonności naszych myśli określają nasze talenty i zdolności oraz osobowość. A zatem niektórzy *myślą*, że są pisarzami lub artystami, że są pracowici albo leniwi, i tak dalej. A co, jeśli zechcesz być inny, niż obecnie myślisz, że jesteś? Możesz przekonywać siebie, że inni urodzili się ze szczególnymi talentami, których tobie brakuje, a które pragniesz mieć. To prawda. Ale oni musieli kiedyś wykształcić nawyki tych zdolności – jeśli nie w tym życiu, to w życiu poprzednim.[1] Zatem, niezależnie od tego, jaki chcesz być, zacznij niezwłocznie kształtować odpowiedni nawyk. Możesz zapoczątkować jakikolwiek trend w swojej świadomości już teraz, pod warunkiem, że wprowadzisz do umysłu silną myśl, a wtedy twoje działania i ty cały podporządkują się tej myśli.

❖ ❖ ❖

Nie wolno nam nigdy porzucać nadziei stania się lepszymi. Człowiek jest stary dopiero wtedy, kiedy nie chce już podjąć wysiłku, by się zmienić. Taki stan stagnacji jest jedynym „wiekiem starczym", jaki ja uznaję. Kiedy ktoś raz po raz mówi: „Nie

[1] Zob. *reinkarnacja* w Słowniczku.

potrafię się zmienić, taki już jestem", wówczas muszę się zgodzić: „Dobrze, pozostań taki, skoro już zdecydowałeś się taki być".

❖ ❖ ❖

Bez względu na swój stan obecny, człowiek może zmienić się na lepsze dzięki samokontroli, dyscyplinie oraz zastosowaniu lepszej diety i zasad zdrowotnych. Dlaczego myślisz, że nie możesz się zmienić? Lenistwo psychiczne jest ukrytą przyczyną wszelkich słabości.

❖ ❖ ❖

Każdy posiada ograniczające go szczególne nawyki. Nie zostały one wprowadzone do twojej natury przez Boga, ale zostały wytworzone przez ciebie. To je właśnie musisz zmienić – poprzez przypominanie sobie, że nawyki te, specyficzne dla twojej natury, są niczym innym jak przejawami twoich własnych myśli.

❖ ❖ ❖

W ostatecznym pojęciu, wszystkie rzeczy zbudowane są z czystej świadomości; ich końcowy wygląd jest rezultatem względności świadomości.[2] A zatem, jeśli chcesz coś w sobie zmienić, to

---

[2]   Joga naucza, że myśl Boża jest fundamentalną strukturą stworzenia. Tak jak para staje się wskutek kondensacji wodą, a wskutek dalszej kondensacji lodem, tak wszystkie wzory i formy energii oraz materii są wynikiem kondensacji świadomości. Pionierscy fizycy dwudziestego wieku odkrywają na nowo to, co jogini wiedzieli od czasów starożytnych. Brytyjski naukowiec, Sir James Jeans, napisał: „Wszechświat zaczyna wyglądać raczej jak wielka myśl niż wielka maszyna". A. Einstein powiedział: „Chcę wiedzieć, jak Bóg stworzył ten wszechświat. Nie interesuje mnie to czy inne zjawisko, spektrum tego czy innego pierwiastka. Chcę poznać Jego myśli, reszta to szczegóły".

musisz zmienić proces myślenia, który powoduje materializację świadomości w różne formy materii i działania. To jest sposób, jedyny sposób przemodelowania twojego życia.

❖ ❖ ❖

Spójrz w siebie i określ swoje główne cechy [...]. Nie staraj się zmienić w sobie tego, co dobre. Ale te rzeczy, które robisz wbrew swojej woli i które czynią cię nieszczęśliwym po ich zrobieniu, są tym, czego chcesz się pozbyć. Jak? Przed pójściem do łóżka wieczorem i wstając rano, afirmuj z przekonaniem: „Mogę się zmienić. I mam wolę zmiany. *Zmienię się!*". Trzymaj się tej myśli przez cały dzień i weź ją ze sobą do podświadomej krainy snu i nadświadomego królestwa medytacji.

❖ ❖ ❖

Wszystko, co należy jedynie zrobić, to po prostu zastąpić myśli, które chcesz wyeliminować, myślami konstruktywnymi. To klucz do nieba; jest on w twoich rękach.

Introspekcja: tajemnica postępu

Pierwsze co należy zrobić, to dokonać introspekcji. Oceń samego siebie i swoje nawyki, oraz odkryj, co stoi ci na drodze. Często jest to inercja lub brak konkretnego niepodzielnego wysiłku i uwagi. Czasami są to nawyki, które muszą zostać wykorzenione z ogrodu twojego życia, po to aby mogło mocniej zakorzenić się prawdziwe szczęście.

❖ ❖ ❖

Jedną z tajemnic postępu jest samoanaliza. Introspekcja jest lustrem, w którym możesz zobaczyć zakamarki swojego umysłu, które inaczej pozostałyby przed tobą ukryte. Zdiagnozuj swoje niepowodzenia i posortuj dobre oraz złe skłonności. Przeanalizuj, kim jesteś i kim chcesz zostać oraz jakie niedociągnięcia hamują cię w tym dążeniu.

❖ ❖ ❖

Miliony ludzi nigdy siebie nie analizuje. Psychicznie są oni mechanicznymi wytworami fabryki, jaką jest ich środowisko; zajęci są śniadaniem, obiadem i kolacją, pracą i snem oraz bieganiem tu i tam w poszukiwaniu rozrywek. Nie wiedzą, czego szukają i dlaczego, ani też dlaczego nigdy nie udaje się im zrealizować pełni szczęścia i trwałego zadowolenia. Przez unikanie samoanalizy działają jak roboty, uwarunkowani swoim środowiskiem. Prawdziwa samoanaliza jest największą sztuką postępu.

Każdy powinien nauczyć się analizować siebie bezstronnie. Zapisuj codziennie swoje myśli i aspiracje. Odkryj, kim jesteś – a nie tym, za kogo siebie uważasz! – ponieważ powinieneś uczynić siebie tym, kim być powinieneś. Większość ludzi się nie zmienia, ponieważ nie widzi swoich własnych błędów.

❖ ❖ ❖

Ten, kto nie prowadził mentalnego pamiętnika, powinien rozpocząć tę pożyteczną praktykę. Wiedza o tym, jak bardzo i w jaki sposób zawodzimy w doświadczeniach codziennego życia, może pobudzić nas do większego wysiłku, żeby stać się takimi, jakimi być powinniśmy. Dzięki prowadzeniu takiego dziennika i dzięki wykorzystaniu zdolności rozróżniania w celu wykorzenienia złych nawyków, które wywołują ból i cierpienie u nas samych i innych, uda nam się ich pozbyć. Co noc powinniśmy spytać samych siebie: „Jak długo byłem dzisiaj z Bogiem?" Powinniśmy również przeanalizować, ile czasu głęboko myśleliśmy, jak wiele obowiązków wykonaliśmy, jak dużo zrobiliśmy dla innych, jak się zachowywaliśmy w różnych sytuacjach dnia.

❖ ❖ ❖

Obserwując wykres swojego umysłu, możesz codziennie zobaczyć, czy się rozwijasz. Nie musisz ukrywać się przed samym sobą. Musisz poznać siebie takim, jakim jesteś. Prowadząc pamiętnik swoich introspekcji, czuwasz nad złymi nawykami i jesteś lepiej przygotowany na to, żeby je zniszczyć.

Przezwyciężanie pokus

Czasami wydaje się, że trudno jest być dobrym, natomiast łatwo jest być złym; oraz że zrezygnować z rzeczy złych to coś utracić. Ale ja mówię wam, że niczego nie będzie wam brakować oprócz smutku.

❖ ❖ ❖

Wszystko to, przed czym przestrzegali wielcy mistrzowie, jest jak zatruty miód. Mówię wam, żebyście go nie próbowali. Wy kwestionujecie to, mówiąc: „Ale on jest słodki". Otóż moja argumentacja jest taka, że ta słodycz zniszczy was, gdy jej skosztujecie. Zło zostało stworzone słodkim, żeby was zwieść. Musisz wykorzystywać zdolność rozróżniania, aby dostrzec różnicę pomiędzy zatrutym miodem a tym, co leży w twoim najlepszym interesie. Unikaj tych rzeczy, które w końcu cię zranią, i wybieraj te, które przyniosą ci wolność i szczęście.

❖ ❖ ❖

Smutek, choroba i niepowodzenie są naturalnymi skutkami nieprzestrzegania praw Bożych. Mądrość polega na tym, by unikać naruszania tych praw i znajdować spokój oraz szczęście w sobie dzięki myślom i uczynkom, które pozostają w harmonii z twoją prawdziwą Jaźnią.

❖ ❖ ❖

Kiedykolwiek pojawia się w twoim sercu przemożne pragnienie [...], użyj swojej zdolności rozróżniania. Spytaj siebie: „Czy pragnienie, którego spełnienia poszukuję, jest dobrym czy złym pragnieniem?"

❖ ❖ ❖

Pragnienia rzeczy materialnych wzmacniają nasze nawyki poprzez rozniecanie fałszywych nadziei zadowolenia i szczęścia. W takich momentach powinniśmy przywołać nasze zdolności rozróżniania, aby odkryć następującą prawdę: złe nawyki prowadzą ostatecznie do nieszczęścia. Obnażone w ten sposób złe nawyki nie mają mocy, żeby utrzymać nas pod swoim zgubnym wpływem.

❖ ❖ ❖

Opieranie się pokusom nie jest wyrzeczeniem się wszystkich

przyjemności życiowych; oznacza ono, że masz pełną kontrolę nad tym, co chcesz zrobić. Pokazuję ci drogę do prawdziwej wolności, a nie do fałszywego poczucia wolności, które w rzeczywistości prowadzi do robienia tego, co dyktują ci nawyki.

❖ ❖ ❖

Stara ortodoksyjna droga polega na wypieraniu się pokus, na ich tłumieniu. Wy jednak musicie nauczyć się *panować* nad pokusami. Być kuszonym nie jest grzechem. Nawet jeśli jakaś pokusa tak cię dręczy, że doprowadza cię do białej gorączki, nie oznacza to, że jesteś zły; jeśli jednak ulegasz tej pokusie, to chwilowo jesteś pod wpływem mocy zła. Musisz wznieść wokół siebie ochronne mury mądrości. Nie ma większej siły, jakiej można użyć przeciwko pokusom, niż mądrość. Całkowite zrozumienie doprowadzi cię do punktu, w którym nic nie może cię skusić do działań, które obiecują przyjemności, ale ostatecznie tylko ranią.

❖ ❖ ❖

Dopóki nie osiągnie się mądrości, to gdy pojawia się pokusa, należy najpierw powstrzymać się od działania lub pohamować pragnienie, a *dopiero potem* przemawiać sobie do rozsądku. Jeśli najpierw zaczniesz się zastanawiać, to będziesz na przekór samemu sobie zmuszony zrobić to, czego nie chcesz, ponieważ pokusa pokona wszelki rozsądek. Po prostu powiedz: „nie!", wstań i odejdź. Jest to najpewniejszy sposób ucieczki przed Diabłem.[3] Im bardziej rozwiniesz moc mówienia „nie" w czasie inwazji

---

[3] Szatan, świadoma siła ułudy, która próbuje utrzymać człowieka w niewiedzy co do jego prawdziwej natury. Patrz *maja* w słowniczku.

pokus, tym będziesz szczęśliwszy; wszelka bowiem radość polega na zdolności robienia tego, co *nakazuje* ci sumienie.

✦ ✦ ✦

Kiedy mówisz pokusie *nie,* naprawdę musi to znaczyć *nie.* Nie ulegaj. Tchórzliwy słabeusz zawsze mówi *tak.* Ale wielkie umysły są pełne *nie.*

✦ ✦ ✦

Kiedy już postanowiłeś nie palić albo nie jeść niemądrze, albo nie kłamać czy oszukiwać, to wytrwale pozostawaj w swych dobrych zamierzeniach; nie słabnij. Złe środowisko osłabia wolę i pobudza złe pragnienia. Zamieszkaj ze złodziejami, a będziesz sądził, że jest to jedyny sposób życia. Ale zamieszkaj z osobami świętymi, a po boskim obcowaniu z nimi żadne inne pragnienia nie będą cię kusić.

✦ ✦ ✦

Jeśli masz jakiś szczególny zły nawyk lub skłonność karmiczną, to nie zadawaj się z tymi, którzy mają podobny zły nawyk. Jeśli masz skłonność do bycia chciwym, to unikaj towarzystwa tych, którzy również są chciwi. Jeśli masz pragnienie picia alkoholu, trzymaj się z dala od tych, który piją alkohol. Ludzie, którzy podtrzymują twoje złe nawyki, nie są twoimi przyjaciółmi. Spowodują oni, że odrzucisz radość duszy. Unikaj towarzystwa czyniących zło i zadawaj się z tymi, którzy są dobrzy.

✦ ✦ ✦

Uwydatnienie tego, co w tobie najlepsze

Największy wpływ na twoje życie, większy nawet niż siła woli, ma twoje środowisko. Zmień je, jeśli to konieczne.

❖ ❖ ❖

Istnieją dwa rodzaje środowisk, na które powinieneś szczególnie zwracać uwagę – zewnętrzne i wewnętrzne.

❖ ❖ ❖

Obserwuj swoje myśli. Wszystkie twoje doświadczenia przesączają się poprzez twoje myśli. To towarzystwo twoich myśli wznosi cię lub degraduje.

❖ ❖ ❖

Musisz być silniejszy niż myśli i sugestie osób, których wibracje nieustannie odczuwasz. W ten sposób pokonasz złe wibracje, które przenikają w twoje środowisko.

❖ ❖ ❖

Myśl o Bogu jako swoim środowisku. Bądź w jedności z Bogiem, a nic nie będzie mogło cię zranić.

❖ ❖ ❖

Każde działanie ma mentalny odpowiednik. Działamy wykorzystując siłę fizyczną, ale działanie to zapoczątkowane zostało w umyśle i kierowane jest przez mentalnego przywódcę. Kradzież jest złem, ale większym złem jest mentalny czyn kradzieży, który inicjuje kradzież fizyczną, ponieważ prawdziwym przestępcą jest umysł. Obojętne, jakiego złego uczynku chcesz uniknąć, wyeliminuj go najpierw ze swojego umysłu. Jest bardzo trudno przejąć kontrolę, kiedy koncentrujesz się jedynie na fizycznym działaniu. Skup się na umyśle: skoryguj swoje myśli, a działania automatycznie ułożą się tak jak trzeba.

❖ ❖ ❖

Za każdym razem, kiedy przychodzi zła myśl, odrzucaj ją. Wówczas Szatan nie będzie mógł ci nic zrobić. Ale gdy tylko zaczynasz myśleć źle, to idziesz w kierunku Szatana. Nieustannie poruszasz się tam i z powrotem pomiędzy złem i dobrem; żeby uciec, musisz pójść tam, gdzie Szatan nie będzie mógł cię dosięgnąć: głęboko w serce Boga.

❖ ❖ ❖

Cnota i czystość nie wywodzą się ze słabości. Przeciwnie, są to silne cechy, które walczą z siłami zła. W twojej własnej mocy pozostaje wybór, jak wiele czystości, miłości, piękna i duchowej radości będziesz wyrażał, nie tylko poprzez uczynki, ale i poprzez swoje myśli, uczucia i pragnienia. [...] Zachowaj czysty umysł, a przekonasz się, że Pan zawsze będzie z tobą. Będziesz Go słyszał, jak mówi do ciebie językiem twojego serca, będziesz dostrzegać Go w każdym kwiecie i drzewie, w każdym źdźble trawy, w każdej przelotnej myśli. „Błogosławieni czystego serca, bo oni będą oglądać Boga".[4]

❖ ❖ ❖

Najlepszym sposobem na pokonanie pokusy jest przekonać

[4] Mt 5:8

się co lepsze: medytuj więcej i sprawdź, czy medytacja nie da ci więcej szczęścia.

❖ ❖ ❖

Kiedy [w medytacji] wycofasz umysł do wewnątrz, to zaczniesz dostrzegać, że istnieje tam o wiele więcej cudownych rzeczy niż na zewnątrz.

❖ ❖ ❖

Gdybyś tylko *spojrzał* na swoją duszę, doskonałe odzwierciedlenie Boga w tobie, to przekonałabyś się, że wszystkie twoje pragnienia są już zaspokojone!

❖ ❖ ❖

Z braku wewnętrznej radości człowiek zwraca się ku złu. Medytacja o Bogu Szczęśliwości przepaja nas dobrocią.

❖ ❖ ❖

Środkami materialnymi ego próbuje zaspokoić nieustanną, niezaspokojoną tęsknotę duszy za Bogiem. Dalekie od osiągnięcia swego celu, powiększa tylko ludzką niedolę. Duchowego głodu nie można zaspokoić poprzez pobłażanie zmysłom. Kiedy człowiek to sobie uświadamia i podporządkowuje sobie ego, to znaczy kiedy osiąga samoopanowanie, jego życie staje się wspaniałe poprzez świadomość boskiej szczęśliwości już wtedy, gdy jest on nadal w swoim ciele. Wówczas, zamiast być niewolnikiem pragnień i zachcianek materialnych, uwaga człowieka przenosi się na serce Wszechobecności, gdzie spoczywa na wieki, doznając Radości skrytej we wszystkim.

Właściwe nastawienie wobec błędów z przeszłości

Unikaj rozwodzenia się nad złem, które wyrządziłeś. Ono do ciebie już nie należy. Pozwól mu odejść w niepamięć. Zwracanie na nie uwagi wytwarza nawyk i pamięć. Z chwilą gdy kładziesz igłę na płytę gramofonową, płyta zaczyna grać. Uwaga jest igłą, która odtwarza nagranie przeszłych uczynków. A zatem nie powinieneś skupiać uwagi na tym, co złe. Po cóż przeżywać ponownie cierpienia niemądrych uczynków z przeszłości? Wyrzuć pamięć o nich ze swojego umysłu i postaraj się nie powtarzać więcej takich postępków.

❖ ❖ ❖

Może ty martwisz się z powodu zła, które wyrządziłeś, ale Bóg się nim nie martwi. Co było, to było. Jesteś Jego dzieckiem i cokolwiek złego uczyniłeś, wydarzyło się dlatego, że Go nie znałeś. On nie wypomina ci zła uczynionego z powodu niewiedzy. Wszystko, o co ciebie prosi, to abyś nie powtarzał złych uczynków. Chce się On jedynie przekonać, czy jesteś szczery, czy nie, w swoim postanowieniu bycia dobrym.

❖ ❖ ❖

„Zapomnij o przeszłości – [powiedział Śri Jukteśwar]. – Minione życia wszystkich ludzi są mroczne od wielu nieprawości. Na zachowaniu człowieka nie można polegać, dopóki nie jest on zakotwiczony w Bogu. Wszystko w przyszłości polepszy się, jeśli teraz dokonasz duchowego wysiłku".

❖ ❖ ❖

Nie uważaj siebie za grzesznika. Jesteś dzieckiem Ojca Niebieskiego. Nawet jeśli jesteś największym grzesznikiem, zapomnij o tym. Jeśli postanowiłeś być dobry, to już nie jesteś dłużej grzesznikiem [...].[5] Rozpocznij z czystym kontem i powiedz sobie: „Zawsze byłem dobry; jedynie śniło mi się, że jestem zły". To prawda: zło jest koszmarem i nie należy do duszy.

❖ ❖ ❖

Choćby twoje błędy były ogromne jak ocean, to nie zdołają pochłonąć duszy. Postanów z niezłomnym zaparciem kroczyć swoją ścieżką, nieskrępowany ograniczającymi cię myślami o błędach z przeszłości.

❖ ❖ ❖

Jesteś iskrą Wiekuistego Płomienia. Można ukryć iskrę, ale [nigdy] nie można jej zniszczyć.

❖ ❖ ❖

Ciemność może królować w jaskini przez tysiące lat, ale gdy wniesiesz do niej światło, to ciemność zniknie, tak jakby jej nigdy

---

[5] „Nawet człowiek z najgorszą karmą, który nieustannie o Mnie medytuje, szybko uwolni się od skutków swoich złych uczynków z przeszłości. Stając się wysoce uduchowioną osobą, wkrótce osiąga trwały spokój. Wiedz to na pewno: wierny, który pokłada we Mnie swoje zaufanie, nigdy nie zginie!" [Bhagawadgita IX:30-31].

nie było. Podobnie, bez względu na to, jakie masz wady, to nie będą one dłużej twoje, kiedy wprowadzisz w siebie światło dobroci. Tak wielkie jest światło duszy, że nie unicestwią jej wcielenia zła.

❖ ❖ ❖

Nie ma niewybaczalnych grzechów, nienaprawialnego zła; albowiem świat względności nie zawiera w sobie absolutów.

❖ ❖ ❖

Bóg nigdy nikogo nie opuszcza. Kiedy, zgrzeszywszy, wierzysz, że twoja wina jest bezgraniczna, nie do odpokutowania i kiedy świat ma ciebie za nic i mówi, że nie będzie już z ciebie nic dobrego, to zatrzymaj się na chwilę i pomyśl o Boskiej Matce.[6] Powiedz Jej: „Boska Matko, jestem Twoim dzieckiem, Twoim niegrzecznym dzieckiem. Proszę wybacz mi". Kiedy apelujesz do matczynego aspektu Boga, to nie może być odmowy – po prostu wzruszasz Boskie Serce. Ale Bóg nie będzie ciebie wspierał, jeśli nadal będziesz czynił źle. Modląc się trzeba porzucić złe uczynki.

❖ ❖ ❖

Święci to grzesznicy, którzy nigdy nie zaprzestali swych zmagań. Bez względu na trudności, jeśli nie rezygnujesz z prób, to choć idziesz pod prąd, czynisz postęp w swoich zmaganiach. Walcząc, zdobywasz łaskę Bożą.

❖ ❖ ❖

6   Zob. Słowniczek.

Czy diament jest mniej wartościowy tylko dlatego, że pokryty jest błotem? Bóg widzi niezmienne piękno naszych dusz. On wie, że nie jesteśmy naszymi błędami.

❖ ❖ ❖

Przez kilka wcieleń byłeś istotą ludzką, ale poprzez wieczność jesteś dzieckiem Bożym. Nigdy nie myśl o sobie jako o grzeszniku, ponieważ grzech i niewiedza to tylko doczesne koszmary. Kiedy przebudzimy się w Bogu, to odkryjemy, że my – dusze, czysta świadomość – nie uczyniliśmy nigdy nic złego. Nieskalani przez doczesne doświadczenia, jesteśmy i zawsze byliśmy synami Bożymi.

❖ ❖ ❖

Każdy z nas jest dzieckiem Bożym. Zrodziliśmy się z Jego ducha, w całej jego czystości, chwale i radości. To dziedzictwo jest niepodważalne. Potępiać siebie jako grzesznika zdeklarowanego na ścieżce błędów, jest największym ze wszystkich grzechów. Biblia mówi: „Czyż nie wiecie, że jesteście świątynią Boga i że Duch Boży w was mieszka?"[7]. Zawsze pamiętaj: twój Ojciec kocha cię bezwarunkowo.

Tworzenie dobrych nawyków i niszczenie złych

Zwróć się ku Bogu, a okaże się, że uda ci się zrzucić z siebie

---

7   I Koryntian 3:16. Zobacz także *Bhagawadgita XIII:22, 32*: „Duch Najwyższy zamieszkujący w ciele to bezstronny Obserwator, Żywiciel, Zezwalający, Doznający, Pan Wielki i Najwyższa Jaźń. [...] Jaźń, mimo że zasiada wszędzie w ciele, pozostaje zawsze nieskalana".

łańcuchy nawyków i środowiska. [...] Jaźń utożsamiona z ego jest skrępowana; Jaźń utożsamiona z duszą jest wolna.

❖ ❖ ❖

Umysł może ci mówić, że nie jesteś w stanie uwolnić się od jakiegoś szczególnego nawyku, ale nawyki to nic innego jak powtarzanie tych samych myśli, a te można zmienić.

❖ ❖ ❖

Większość ludzi, którzy decydują się przestać palić albo jeść zbyt wiele słodyczy, będzie to nadal robiła na przekór samym sobie. Nie zmieniają się oni, ponieważ ich umysły, tak jak bibuła, nasiąkają nawykami myślowymi. Nawyk oznacza, iż umysł wierzy, że nie może pozbyć się szczególnej myśli. Nawyk rzeczywiście bywa uporczywy. Kiedy już raz coś zrobimy, to pozostawia to skutek, czyli odcisk w świadomości. W efekcie jest prawdopodobne, że powtórzymy to działanie.

❖ ❖ ❖

Wielokrotne wykonywanie czegoś wytwarza mentalny wzorzec. Każda czynność jest wykonywana zarówno w umyśle, jak i fizycznie, a powtarzanie danej czynności oraz towarzyszący jej wzorzec myślowy powodują wytwarzanie subtelnych elektrycznych ścieżek w fizycznym mózgu, coś w rodzaju rowków na płycie gramofonowej. Po jakimś czasie, za każdym razem, kiedy położysz igłę uwagi na tych „rowkach" elektrycznych ścieżek, to odtwarzają one „nagranie" oryginalnego mentalnego wzorca. Z każdym powtórzeniem czynności rowki elektrycznych ścieżek stają się głębsze, aż w końcu nieznaczne zwrócenie uwagi automatycznie „odtwarza" bez przerwy te same czynności.

❖ ❖ ❖

Wzorce te powodują, że zachowujesz się w pewien określony sposób, często na przekór własnej woli. Życie twoje toczy się zgodnie z tymi rowkami, które sam wytworzyłeś w mózgu. W tym sensie nie jesteś osobą wolną; w mniejszym lub większym stopniu jesteś ofiarą nawyków, które uformowałeś. W takim stopniu, w jakim wzorce te się utrwaliły, jesteś marionetką. Można jednak *zneutralizować* dyktaturę tych złych nawyków. Jak? Poprzez wytworzenie w mózgu przeciwnych im wzorców dobrych nawyków. Można także całkowicie *wymazać* rowki złych nawyków z pomocą medytacji.

❖ ❖ ❖

Musisz wyleczyć się ze złych nawyków, wypalając je przeciwstawnymi im dobrymi nawykami. Na przykład, jeśli twoim złym nawykiem jest mówienie kłamstw, z którego to powodu straciłeś wielu przyjaciół, zapoczątkuj przeciwny mu dobry nawyk mówienia prawdy.

❖ ❖ ❖

Osłabiaj zły nawyk, unikając wszystkiego, co go spowodowało lub go stymuluje, nie skupiając się na nim w swojej gorliwości unikania go. Następnie, zwróć umysł ku jakiemuś dobremu nawykowi i stopniowo go w sobie wyrabiaj, dopóki nie stanie się on niezawodną częścią ciebie.

❖ ❖ ❖

Nawet złemu nawykowi potrzeba czasu, żeby zdobył nad tobą władzę, po co więc się niecierpliwić powolnym tworzeniem się konkurencyjnego dobrego nawyku? Nie rozpaczaj z powodu niepożądanych nawyków; po prostu przestań je karmić wielokrotnym powtarzaniem, bo to czyni je silnymi. Czas potrzebny na uformowanie nawyków różni się zależnie od systemu nerwowego i mózgu poszczególnych ludzi i głównie decyduje o nim jakość uwagi.

❖ ❖ ❖

Dzięki ogromnej sile uwagi, wyćwiczonej poprzez koncentrację, można wytworzyć każdy nawyk – to znaczy można zarejestrować w mózgu nowe wzorce – prawie natychmiast i na zawołanie.

❖ ❖ ❖

Chcąc wytworzyć dobry nawyk albo zniszczyć zły, skoncentruj się na komórkach mózgu, magazynie mechanizmów nawykowych. Aby wytworzyć dobry nawyk, medytuj, a następnie, będąc skoncentrowanym na ośrodku Chrystusowym, ośrodku woli znajdującym się pomiędzy brwiami, silnie afirmuj dobry nawyk, który chcesz zapoczątkować. A kiedy chcesz zniszczyć złe nawyki, skoncentruj się na ośrodku Chrystusowym i głęboko afirmuj, że wszystkie rowki złych nawyków ulegają skasowaniu.

❖ ❖ ❖

Dzięki koncentracji i sile woli możesz skasować nawet

głębokie rowki długotrwałych nawyków. Na przykład, jeśli jesteś uzależniony od palenia, to powiedz sobie: „Nałóg palenia od dawna tkwi w moim mózgu. Teraz skupiam całą swoją uwagę i koncentrując ją na moim mózgu, *siłą woli sprawiam, że* nałóg ten zostaje usunięty". Rozkazuj mózgowi w ten sposób raz po raz. Najlepiej robić to rano, kiedy wola jest silna i łatwiej jest się koncentrować. Wielokrotnie afirmuj swoje uwolnienie się z nałogu, używając całej siły woli. Pewnego dnia nagle poczujesz, że nie jesteś już dłużej w jego sidłach.

❖ ❖ ❖

Jeśli naprawdę chcesz pozbyć się aktualnych złych nawyków [...], to nic nie pomoże ci w tym bardziej niż medytacja. Za każdym razem, kiedy głęboko medytujesz o Bogu, we wzorcach twojego mózgu zachodzą korzystne zmiany.

❖ ❖ ❖

Medytuj nad następującą myślą: „Ja i mój Ojciec jedno jesteśmy", starając się odczuwać wielki spokój, a następnie wielką radość w sercu. Kiedy radość ta nadejdzie, powiedz: „Ojcze, Tyś jest ze mną. Rozkazuję Twej mocy we mnie, aby wypaliła z komórek mojego mózgu złe nawyki i nasiona złych skłonności z przeszłości". Boża moc płynąca z medytacji uczyni to. Pozbądź się ograniczającej cię świadomości, że jesteś mężczyzną lub kobietą; *wiedz,* że jesteś dzieckiem Bożym. Następnie w myślach afirmuj i módl się do Boga: „Rozkazuję moim komórkom mózgu, żeby się zmieniły, żeby zniszczyły rowki złych nawyków, które uczyniły ze mnie marionetkę. Panie, spal je w Swoim boskim świetle".

❖ ❖ ❖

Przypuśćmy, że twoim problemem jest to, że często okazujesz złość, a później jest ci przykro, że straciłeś opanowanie. Co wieczór i co rano postanawiaj unikać złości, a następnie obserwuj siebie uważnie. Pierwszy dzień może być trudny, ale drugi może być nieco łatwiejszy. Trzeci dzień będzie jeszcze łatwiejszy. Po kilku dniach zobaczysz, że zwycięstwo jest możliwe. Na przestrzeni roku, jeśli wytrwasz w swoich wysiłkach, staniesz się inną osobą.

MODLITWA O MĄDROŚĆ ROZRÓŻNIANIA

Daj mi mądrość, abym mógł radośnie podążać ścieżką prawości. Pozwól mi rozwinąć duchową zdolność rozróżniania, która wykrywa zło nawet w jego najsubtelniejszej formie, i która pokieruje mnie ku pokornej ścieżce dobra.

AFIRMACJA W CELU USUNIĘCIA ZŁYCH NAWYKÓW

[Paramahansa Jogananda zakończył jeden ze swoich publicznych wykładów na temat pokonywania złych nawyków, zwracając się do swoich słuchaczy w następujący sposób:]

Zamknijcie oczy i pomyślcie o jednym złym nawyku, którego chcecie się pozbyć. [...] Afirmujcie ze mną: „Jestem wolny od tego nałogu teraz! Jestem wolny!" Trzymajcie się tej myśli o wolności, zapomnijcie o złym nałogu.

Powtarzajcie za mną: „Przekształcę moją świadomość. W tym nowym roku jestem nową osobą. I będę wciąż zmieniał moją świadomość, dopóki nie przepędzę wszelkiej ciemności niewiedzy i nie przejawię lśniącego światła Ducha, na którego podobieństwo jestem stworzony".

MODLITWA

O Boski Nauczycielu, pozwól mi uświadomić sobie, że chociaż mrok mojej niewiedzy jest odwieczny, to wraz z jutrzenką Twego światła ciemność zniknie, tak jakby nigdy nie istniała.

Rozdział 10

Szczęście

Jeżeli już straciłeś nadzieję, że kiedykolwiek będziesz szczęśliwy, rozchmurz się! Nigdy nie trać nadziei. Twoja dusza, będąca odzwierciedleniem wieczyście radosnego Ducha, jest – w swojej istocie – czystą szczęśliwością.

❖ ❖ ❖

Skoro pragniesz szczęścia, bądź szczęśliwy! Nic, absolutnie nic, nie stoi temu na przeszkodzie.

Pozytywne umysłowe nastawienie

Szczęście zależy głównie od nastawienia umysłu, a tylko do pewnego stopnia od warunków zewnętrznych.

❖ ❖ ❖

Według nauki duchowej nastawienie umysłu jest wszystkim [...]. Wyćwicz umysł do zachowania niewzruszoności w każdej sytuacji. Umysł jest jak bibuła, która łatwo przyjmuje kolor każdego barwnika, z jakim się zetknie. Większość umysłów przyjmuje kolor swego otoczenia. Ale nie ma usprawiedliwienia dla umysłu, który daje się pokonać zewnętrznym okolicznościom. Jeśli twoje nastawienie zmienia się pod presją trudnych prób, przegrywasz bitwę życia.

❖ ❖ ❖

Pomoże ci silne postanowienie bycia szczęśliwym. Nie czekaj, aż odmienią się warunki, sądząc błędnie, że w nich kryje się problem.

❖ ❖ ❖

Jeżeli pragniesz odmienić okoliczności, w jakich się znajdujesz, przemień swoje myśli. Możesz to zrobić wyłącznie ty, bo tylko ty odpowiadasz za swoje myśli. A będziesz chciał je odmienić, gdy zdasz sobie sprawę, że każda myśl ma moc stwarzania wedle własnej natury. Pamiętaj, że owo prawo działa nieustannie i że nieustająco przejawiasz takie myśli, jakie zazwyczaj snujesz. Toteż od tej chwili podejmuj wyłącznie myśli zdolne przysporzyć ci zdrowia i szczęścia.

❖ ❖ ❖

Człowiek musi zrozumieć, że atomami ciała rządzi jego własna inteligencja. Nie powinien żyć w klatce ograniczonego umysłu. Oddychaj świeżym powietrzem żywotnych myśli i poglądów innych osób. Oddal trujące myśli zniechęcenia, niezadowolenia, beznadziei. Niech materialnie i duchowo postępowe umysły będą dla ciebie napojem witalności i pokarmem umysłowym. Delektuj się do woli twórczym myśleniem własnym i innych. Odbywaj długie przechadzki szlakiem wiary w siebie. Używaj takich narzędzi jak właściwy osąd, introspekcja i inicjatywa.

❖ ❖ ❖

Umysł, operujący mózgiem, uczuciami i postrzeganiem wszystkich komórek organizmu, może utrzymywać ciało ludzkie w dobrej formie albo złej. Umysł jest królem, toteż wszystkie poddane mu komórki, zachowują się stosownie do nastroju swego pana. Tak jak troszczymy się o wartość odżywczą naszych codziennych posiłków, podobnie powinniśmy zwracać uwagę na odżywcze walory pokarmu, którym codziennie karmimy umysł.

❖ ❖ ❖

Naturą duszy jest szczęśliwość: trwały, wewnętrzny stan zawsze nowej, zawsze zmiennej radości. [...] Utwierdź swoją upartą świadomość w niezmiennym spokoju w sobie, który jest tronem Boga; następnie pozwól duszy, by przejawiała szczęśliwość dniem i nocą.

❖ ❖ ❖

Jeśli nie postanowisz być szczęśliwy, to nikt nie zdoła cię uszczęśliwić. Nie wiń Boga! A jeśli postanowisz być szczęśliwy, to nikt inny nie zdoła cię unieszczęśliwić. Moglibyśmy obwiniać Boga, gdyby nam nie dał wolnej woli, ale przecież ją mamy. Sami robimy z życiem to, czym jest.

❖ ❖ ❖

Często kontynuujemy cierpienie, nie podejmując żadnego wysiłku, aby cokolwiek zmienić – oto, dlaczego nie znajdujemy trwałego spokoju i zadowolenia. Gdybyśmy tylko nie ustawali w dążeniu, z pewnością zdołalibyśmy pokonać wszelkie trudności. Pragnąc przemienić niedolę w szczęście, a upadek ducha w odwagę, musisz się zdobyć na wysiłek.

❖ ❖ ❖

W twoim uśmiechu powinien wibrować śmiech nieskończonego Boga. Niech powiew Bożej miłości rozniesie twoje uśmiechy do ludzkich serc. Twoje boskie uśmiechy będą zaraźliwe; ich ogień przegna mrok z serc innych ludzi.

❖ ❖ ❖

Zwykle najszczęśliwsi są ludzie o silnym charakterze. Nie obwiniają innych o kłopoty zazwyczaj spowodowane własnym postępowaniem i niezrozumieniem. Wiedzą, że nikt nie ma mocy ani dodać, ani ująć im szczęścia, chyba że sami są słabi i pozwolą na to, aby miały na nich wpływ niedobre myśli i nikczemne postępki innych.

❖ ❖ ❖

Pamiętaj: bez względu na to, jak źle ci się wszystko ułożyło, nie masz prawa do złego nastroju. W swoim *umyśle* możesz być zwycięzcą. Otoczony wrogami, ponury człowiek przyznaje się do klęski. Ale ten, kogo umysł pozostaje niezwyciężony, choćby świat leżał w zgliszczach u jego stóp, jest mimo to zwycięzcą.

❖ ❖ ❖

Najwyższe szczęście polega na stałym pragnieniu uczenia się i właściwego postępowania. Im bardziej udoskonalisz siebie, tym pozytywniejszy wpływ będziesz miał na innych wokół siebie. Człowiek samodoskonalący się staje się coraz szczęśliwszy. Im będziesz szczęśliwszy, tym szczęśliwsi będą ludzie wokół ciebie.

❖ ❖ ❖

Wystrzegaj się negatywnej postawy wobec życia. Po cóż patrzeć na bagno, skoro wszędzie dokoła jest tyle piękna! Błędy można znaleźć w największym arcydziele sztuki, muzyki czy literatury, ale czy nie lepiej cieszyć się ich czarem i wspaniałością?

❖ ❖ ❖

Niemal każdy zna figurki trzech małpek symbolizujących maksymę: „Niech oczy nie widzą, uszy nie słyszą ani usta nie mówią niczego, co złe". Ja kładę nacisk na postawę pozytywną, zalecając: „Dostrzegaj samo dobro, słuchaj tego, co dobre, i mów tylko o tym, co dobre".

❖ ❖ ❖

Na świecie istnieje i dobro, i zło, zarówno to, co pozytywne, jak i to, co negatywne. Wielu ludzi starających się utrzymać pozytywną świadomość niedorzecznie się lęka negatywnych myśli. Nie ma sensu zaprzeczać istnieniu negatywnych myśli, ale nie należy się ich obawiać. Wnikliwie analizuj niepożądane myśli, po czym je oddalaj.

❖ ❖ ❖

Życie ma i jasną, i ciemną stronę, jako że ten świat względności jest utkany ze światła i cienia. Pozwalając sobie na rozpamiętywanie tego, co złe, sam się stajesz szpetny. We wszystkim doszukuj się samego dobra, jeśli chcesz przyswajać piękno.

❖ ❖ ❖

Rozważanie sentencji o prawdzie, czytanie ich i powtarzanie

z głęboką uwagą pomoże ci się uwolnić od negatywnego myślenia oraz utwierdzić się w postawie pozytywnej. Z głębokim skupieniem powtarzaj modlitwy i afirmacje, aż wytworzysz nawyk myślenia pozytywnego, które zacznie przychodzić ci tak naturalnie, jak przedtem negatywne.

Wolność od negatywnych nastrojów

Boska radość, radość wciąż nowa, jest przyrodzona duszy i niezniszczalna. Podobnie jej odczuwania w umyśle nie da się zniszczyć, jeśli wiemy, jak ją podtrzymywać i celowo nie zmieniamy nastroju na smutek poprzez pielęgnowanie go.

❖ ❖ ❖

Ty, stworzony na obraz i podobieństwo Boga, powinieneś się zachowywać jak bóg. Tymczasem, co się dzieje? Już od razu rano tracisz panowanie nad sobą i się uskarżasz: „Kawa zimna!". Jakież to ma znaczenie? Po co się przejmować takimi głupstwami? Zachowuj taką równowagę psychiczną, która ci zapewni absolutny spokój i uczyni wolnym od wszelkiej złości. Właśnie tego chcesz. Nikomu ani niczemu nie pozwalaj „grać ci na nerwach", okradać ze spokoju. Niech nic nie będzie w stanie ci go odbierać.

❖ ❖ ❖

Powstań i wznieś się ponad małostkowe życie, błahostki, które ci przeszkadzają.

❖ ❖ ❖

Nikt nie *lubi* niedoli. Dlaczego więc, kiedy znów popadniesz w zły nastrój, nie przeanalizować samego siebie? Przekonasz się wtedy, że się unieszczęśliwiasz dobrowolnie, na własne życzenie. A kiedy to robisz, inni wokół ciebie odczuwają nieprzyjemność stanu twojego umysłu. [...] Ze zwierciadła swej psychiki musisz wymazać nastroje.

❖ ❖ ❖

Myśląc o swoim umyśle, wyobrażaj go sobie w postaci ogrodu, pięknego i pełnego woni niebiańskich myśli. Nie pozwól mu się przemienić w błotnisty staw, cuchnący od atmosfery nienawiści. Hoduj rajsko wonne kwiaty pokoju i miłości, a do ogrodu wkradnie ci się pszczoła *Świadomości Chrystusowej*[1]. Pszczoła wybiera tylko kwiaty miodne – podobnie jak Bóg, przychodzi tylko wtedy, gdy twoje życie jest osłodzone myślami pełnymi miodowej słodyczy.

❖ ❖ ❖

Wszelki nastrój ma jakąś konkretną przyczynę, która kryje się w twoim własnym umyśle.

❖ ❖ ❖

Człowiek powinien codziennie wglądać w siebie, aby zrozumieć naturę swego nastroju, a także – jeśli okaże się on szkodliwy – by znaleźć sposób, żeby go poprawić. Powiedzmy, że ogarnął cię nastrój obojętności. Cokolwiek by ci nie proponowano, nie będziesz zainteresowany. W takim przypadku koniecznie trzeba się zdobyć na świadomy wysiłek, aby wykrzesać z siebie jakąś

---

[1] Świadomość boska, wszechobecna w stworzeniu.

pozytywną iskrę zainteresowania. Strzeż się obojętności, która paraliżując siłę woli, hamuje twój rozwój w życiu.

Przypuśćmy, że opanował cię nastrój zniechęcenia z powodu choroby, z której nie masz już nadziei się wyleczyć. Należy wówczas starać się przestrzegać zasad dobrego życia, dzięki czemu staje się ono zdrowe, czynne i moralne, a także trzeba się modlić o większą wiarę w uzdrawiającą potęgę Boga.

A może trapi cię przeświadczenie, że jesteś nieudacznikiem, że ci się nigdy w niczym nie powiedzie. Przeanalizuj ten problem i oceń, czy istotnie uczyniłeś już wszystko, co w twojej mocy.

❖ ❖ ❖

Wszystkie złe nastroje, choćby się zdawały najgorsze, można przezwyciężyć. Postanów, że już nie będziesz humorzasty, a gdyby pomimo wszystko dopadł cię zły nastrój, przeanalizuj jego przyczynę i konstruktywnie mu przeciwdziałaj.

❖ ❖ ❖

Myślenie twórcze[2] to najlepszy sposób na humory. Opanowują one świadomość, gdy jest się w negatywnym lub biernym stanie psychicznym. Umysł opustoszały łatwo pada ofiarą humorów, a takim rozkapryszonym umysłem rządzi diabeł. Dlatego rozwijaj myślenie twórcze. Kiedy nie jesteś aktywny fizycznie, zajmij się obmyślaniem jakichś twórczych planów. Nieustannie zatrudniaj umysł, tak aby nie miał czasu folgować nastrojom.

❖ ❖ ❖

2 Zob. także s. 74-77.

Myśląc twórczo, nie czuje się ciała, nie ulega nastrojom – jest się zestrojonym z Duchem. Inteligencja ludzka została stworzona na obraz i podobieństwo twórczej inteligencji Boga, za której sprawą możliwe jest wszystko. Jeśli nie trwamy w tej świadomości, stajemy się kłębkiem nerwów. Twórcze myślenie kładzie im kres.

❖ ❖ ❖

Pamiętaj, że kiedy czujesz się nieszczęśliwy, to na ogół dlatego, iż nie wizualizujesz dostatecznie silnie tych wielkich rzeczy, których stanowczo pragniesz w życiu dokonać, ani nie wykorzystujesz wystarczająco zdecydowanie swojej siły woli, zdolności twórczych i zasobów cierpliwości wystarczająco długo, aby twoje marzenia mogły się zrealizować.

❖ ❖ ❖

Działaj nieustająco i konstruktywnie – tak gwoli samodoskonalenia, jak i dla dobra innych, jako że ten, kto chciałby przestąpić próg królestwa Bożego, musi także codziennie starać się czynić coś dobrego dla ludzi. Jeżeli przyjmiesz taki model życia, zaznasz radości, która rozprasza wszelkie nastroje, gdyż wypływa ze świadomości, że postępujesz naprzód – w sferze umysłu, fizyczności i duchowości.

Służba innym

Szczęście polega na uszczęśliwianiu innych, na rezygnowaniu z własnych korzyści, aby móc innym nieść radość.

❖ ❖ ❖

Obdarzanie szczęściem innych jest ogromnie ważne dla naszego własnego szczęścia, daje nam ogromną satysfakcję. Niektórzy myślą wyłącznie o własnej rodzinie: „Tylko my czworo i nikt więcej". Inni myślą tylko o sobie: „Jak *ja* mogę znaleźć szczęście?". Tymczasem właśnie tacy ludzie nie doznają szczęścia!

❖ ❖ ❖

Życie dla samego siebie jest źródłem wszelkiej niedoli.

❖ ❖ ❖

Służ innym pomocą duchową, intelektualną oraz materialną, a przekonasz się, że i twoje własne potrzeby zostaną zaspokojone. Gdy zapominasz o sobie, aby służyć innym, odkrywasz, że choć się o to nie ubiegasz, kielich szczęścia wypełnia ci się po brzegi.

❖ ❖ ❖

Przychodząc na świat, płakałeś, a wszyscy inni się uśmiechali. Trzeba tak przeżyć życie, żeby móc odejść z uśmiechem, podczas gdy inni będą szlochać.

❖ ❖ ❖

Im głębiej medytujesz, z tym większą ochotą służysz i tym jesteś szczęśliwszy.

Wewnętrzne warunki szczęścia

Naucz się nosić w sobie wszystkie uwarunkowania szczęścia, poprzez medytację oraz zestrojenie swojej świadomości z wieczyście żywą, wieczyście świadomą i wiekuiście nową radością, którą jest Bóg. Nigdy nie uzależniaj swojego szczęścia od żadnych czynników zewnętrznych. Niezależnie w jakim przebywasz otoczeniu, nie pozwól mu zakłócić swego spokoju wewnętrznego.

❖ ❖ ❖

Gdy jesteś panem własnych uczuć, trwasz w swoim stanie prawdziwym. Prawdziwym stanem Jaźni, duszy, jest błoga szczęśliwość, mądrość, miłość, spokój – że cokolwiek robisz, będąc w tym stanie, robisz to z przyjemnością. Czy to nie o wiele lepsze, niż po omacku się błąkać po świecie niczym niespokojny demon, niezdolny odnaleźć zadowolenia absolutnie w niczym? Gdy jesteś ześrodkowany w swoim prawdziwym ja, wykonujesz każdą pracę oraz cieszysz się wszystkimi dobrymi rzeczami niebiańską radością. Pełen upajającej bożej szczęśliwości radośnie wykonujesz wszystkie czynności.

❖ ❖ ❖

Życie duchowe przemienia człowieka w maleńkie dziecko – wolne od pretensji i wszelkiego przywiązania, pełne życia i radości.

❖ ❖ ❖

Prawdziwe szczęście sprosta wyzwaniu wszelkich zewnętrznych doświadczeń. Poznasz je, gdy zdołasz unieść krzyże zła wyrządzanego ci przez innych, odwzajemniając się im miłością i przebaczeniem, oraz gdy – na przekór wszelkim bolesnym ciosom zewnętrznych okoliczności – zdołasz trwać w niezmąconym niebiańskim spokoju.

❖ ❖ ❖

Każdego wieczoru zanim się udasz na spoczynek, a także rano zanim przystąpisz do zwykłych czynności, przynajmniej przez pół godziny, a najlepiej jeszcze dłużej trwaj w ciszy i spokoju [w medytacji]. Wytworzysz dzięki temu niezłomny wewnętrzny nawyk bycia szczęśliwym, który pozwoli ci sprostać wszelkim trudnym sytuacjom w codziennych bataliach życiowych. Z tą niezmienną wewnętrzną radością staraj się zaspokajać codzienne potrzeby.

❖ ❖ ❖

Jeśli zamykasz oczy koncentracji, nie widzisz słońca szczęśliwości płonącego ci w piersi. Choćbyś jednak nie wiem jak mocno zamykał oczy uwagi, fakt pozostaje faktem: promienie szczęścia zawsze usiłują przenikać przez zatrzaśnięte bramy umysłu. Otwórz okna spokoju, a zobaczysz, jak w samej głębi twojej Jaźni nagle rozbłyśnie jasne słońce radości.

❖ ❖ ❖

Radosne promienie duszy dają się dostrzec, gdy tylko zinterioryzujesz uwagę. Chcąc tego doświadczyć, trzeba nauczyć umysł lubowania się cudownymi widokami myśli przepływających przez niewidzialne, nienamacalne królestwo wewnętrzne. Nie poszukuj szczęścia jedynie w pięknych strojach, czystym domu, wyśmienitych obiadach, miękkich poduszkach i luksusach. Gdy tam go szukasz, szczęście ci uwięźnie za kratami zewnętrzności.

❖ ❖ ❖

Cenię sobie dary, jakie Bóg mi zsyła, lecz nie brakuje mi ich, kiedy już ich nie ma. Pewnego razu ktoś podarował mi piękny płaszcz i kapelusz, kosztowny strój. I tak się zaczęło moje utrapienie. Musiałem uważać, żeby go nie rozedrzeć lub poplamić. Co za uciążliwość! Pomyślałem: „Panie, po cóż mi zesłałeś takie zmartwienie?". Któregoś dnia wybrałem się na wykład w Trinity Hall w Los Angeles. Kiedy, przybywszy na miejsce, zdejmowałem płaszcz, Pan mi podszepnął: „Wyjmij z kieszeni swoje rzeczy i zabierz ze sobą". Tak uczyniłem. Gdy po wykładzie wróciłem do szatni, płaszcza już tam nie było. Rozeźliłem się, a ktoś powiedział: „Co tam, postaramy się o nowy płaszcz dla ciebie". Odparłem: „Nie złości mnie utrata okrycia, ale to, że ten, co go zabrał, nie wziął też kapelusza do kompletu".

Nie daj uczuciom sobą rządzić. Jak możesz czuć się szczęśliwy, skoro cały czas robisz tyle szumu z powodu jakichś ubrań czy dobytku innego rodzaju? Ubierz się czysto, porządnie i więcej o tym nie myśl, wysprzątaj dom, po czym o nim zapomnij.

❖ ❖ ❖

Im bardziej uzależniasz swoje szczęście od warunków zewnętrznych, tym mniej go zaznasz.

❖ ❖ ❖

Jeżeli sobie wyobrażasz, że można żyć szczęśliwie, zapominając o Bogu, to się mylisz. Ogarnięty samotnością, będziesz przyzywał zmiłowania – raz za razem, tak długo, aż wreszcie zdasz sobie sprawę, że Bóg jest wszystkim we wszystkim – jedyną rzeczywistością wszechświata. Zostałeś stworzony na Jego obraz i podobieństwo. Nigdy nie odnajdziesz trwałego szczęścia w jakiejkolwiek *rzeczy*, ponieważ nic nie jest kompletne, z wyjątkiem Boga.

❖ ❖ ❖

Żadne słowa nie opiszą czystego szczęścia, jakie znajduję w komunii z Bogiem. Dniem i nocą żyję zatopiony w stanie radości. Tą radością jest Bóg. Poznać Go oznacza pogrzebać wszelkie smutki. On wcale nie wymaga od ciebie posępnego stoicyzmu. Takie rozumienie Boga ani nie jest właściwą koncepcją Boga, ani drogą do zadowolenia Go. Nigdy Go nie odnajdziesz, nie będąc szczęśliwym... Im jesteś szczęśliwszy, tym bardziej się z Nim zestrajasz. Kto Go zna, jest zawsze szczęśliwy, bo Bóg to sama radość.

AFIRMACJE

Już od wczesnego świtania będę promieniował radością na wszystkich, których dziś napotkam. Będę jak blask słońca wspierający na duchu wszystkich, których ścieżki skrzyżują się dziś z moją.

❖ ❖ ❖

Tworzę nowe nawyki myślowe: wszędzie widzę dobro i wszystko postrzegam jako przejawienie doskonałej idei Boga.

❖ ❖ ❖

Postanawiam być wewnętrznie szczęśliwym, tu i teraz.

Rozdział 11

Dobre relacje z innymi

Największym szczęściem – obok niebiańskiego – jest żyć w spokoju z najbliższą rodziną, z tymi, z którymi musimy mieszkać dzień w dzień, rok po roku. Jeśli usiłujemy obchodzić się z niezmiernie skomplikowanymi mechanizmami ludzkich uczuć, nie mając żadnej edukacji w tym kierunku, skutki bywają często katastrofalne. Bardzo niewielu ludzi zdaje sobie sprawę, że szczęście zależy przede wszystkim od tego, czy się opanowało sztukę rozumienia praw rządzących ludzkim zachowaniem. Oto dlaczego tak mnóstwo ludzi zachowuje się w stosunku do przyjaciół, jakby byli w gorącej wodzie kąpani, a co jeszcze gorsze, prowadzi bezustannie wojny ze swoimi najukochańszymi we własnym domu.

Jak radzić sobie z nieharmonijnymi relacjami

Podstawą właściwego zachowania jest praca nad sobą. [...] Gdy tylko popadamy w jakieś konflikty z przyjaciółmi albo bliskimi, winę za tę niemiłą sytuację, w jakiej się znaleźliśmy, powinniśmy przypisać sobie, a następnie starać się z niej wybrnąć tak szybko i uprzejmie, jak tylko się da. Nawet jeśli stwierdzamy, że to oni są winni, głośne krzyki, nieżyczliwe zarzuty nic nie zmienią, a tylko pogorszą sprawę. Sto razy skuteczniej nauczymy naszych porywczych bliskich jak mogą naprawić swoje błędy, dając im przykład dobrego zachowania, niż używając ostrych słów wypływających z przekonania o własnej nieomylności.

❖ ❖ ❖

W kłótni muszą być zaangażowane co najmniej dwie strony. Jeśli więc odmówisz w niej udziału, nie będzie mogła zaistnieć.

❖ ❖ ❖

Kiedy ktoś rani cię słowami, zachowaj spokój albo powiedz: „Przepraszam, jeśli cię czymś uraziłem" – po czym zamilcz.

❖ ❖ ❖

Człowiek uduchowiony zwycięża gniew spokojem, uśmierza kłótnie milczeniem, łagodnymi słowami uzdrawia dysharmonię i zawstydza nieuprzejmych życzliwością i troską o innych.

❖ ❖ ❖

Nic nie wyzwala nas bardziej niż szczere odpłacanie ludziom życzliwością za nieżyczliwość.

❖ ❖ ❖

Nie wyrządzaj nikomu przykrości. Nie żyw do nikogo urazy. Wolę grzeszników o dobrym sercu niż tak zwanych dobrych ludzi, którzy są zadufani w sobie i pozbawieni współczucia. Uduchowienie oznacza otwartość, wyrozumiałość, wybaczanie oraz przyjaźń dla wszystkich ludzi.

❖ ❖ ❖

Cały rząd rzymski nie zdołał wzbudzić w Chrystusie

nieprzyjaznych uczuć. Modlił się nawet za tych, którzy go ukrzyżowali: „Ojcze, odpuść im, bo nie wiedzą, co czynią[1]".

❖ ❖ ❖

Serdeczna uprzejmość, grzeczność z duszy płynąca i nieustająca dobra wola stanowią najlepsze panaceum na wszelkie złe zachowanie.

❖ ❖ ❖

Ludzie przeważnie mówią i działają z własnego punktu widzenia. Rzadko dostrzegają, czy choćby starają się dostrzec, racje drugiej strony. Jeśli – z powodu niezrozumienia innego człowieka – wdajesz się z nim w kłótnię, pamiętaj, że obaj jesteście tak samo winni, bez względu na to, kto wszczął spór. „Głupcy się spierają, mądrzy dyskutują".

❖ ❖ ❖

Być spokojnym nie oznacza, że masz się zawsze uśmiechać oraz zgadzać ze wszystkimi, bez względu na to, co mówią – że respektujesz prawdę, ale nie chcesz nią nikogo zranić. To za skrajne posunięcie. Ci, co licząc na pochwały za swój dobry charakter, usiłują w ten sposób dogodzić każdemu, niekoniecznie są panami własnych uczuć. Człowiek panujący nad swymi emocjami kieruje się poczuciem prawdy i dzieli się nią, gdzie tylko może – unikając zbędnego denerwowania tych, którzy i tak by jej nie przyjęli. Wie, kiedy mówić, a kiedy przemilczeć, ale nigdy nie sprzeniewierza się swoim ideałom, ani nie pozwala zakłócać sobie

[1] Łk 23:34

wewnętrznego spokoju. Człowiek taki stanowi siłę przysparzającą światu wielkiego dobra.

❖ ❖ ❖

Powinniśmy dbać o własną atrakcyjność, ubierając się w piękne szaty mowy prawdziwie uprzejmej. Grzecznie traktować należy przede wszystkim najbliższych krewnych. Kiedy to potrafimy, siłą nawyku będziemy okazywać uprzejmość wszystkim. Podstawa prawdziwego szczęścia rodzinnego spoczywa na ołtarzu wyrozumiałości i uprzejmych słów. Chcąc okazać uprzejmość, nie musimy na wszystko się zgadzać. Osobę umiejącą się zachować cechują spokojne milczenie, szczerość i grzeczne słowa, niezależnie od tego, czy się ona zgadza z innymi, czy nie.

❖ ❖ ❖

Jeżeli pragniesz być kochany, zacznij kochać innych, którzy twojej miłości potrzebują. [...] Jeśli pragniesz współczucia, zacznij je okazywać ludziom wokół siebie. Żądając dla siebie szacunku, samemu trzeba się nauczyć szanować wszystkich, i młodych, i starych. [...] Jakkolwiek chcesz być traktowany, najpierw sam traktuj tak innych, a przekonasz się, że ci odpłacą tym samym.

Kształtowanie harmonijnej osobowości

Przestając z innymi, odnoś się do nich z autentyczną życzliwością. Nigdy nie bądź ponurakiem. Nie musisz się śmiać hałaśliwie, niczym jakaś hiena, ale się też nie obnoś z markotną miną. Bądź po prostu uśmiechnięty, sympatyczny i uprzejmy. Gdy jednak uśmiech na ustach pokrywa wewnętrzną złość lub urazę, jest to hipokryzja. Chcąc wzbudzać sympatię, musisz być szczery. Szczerość jest przymiotem duszy, którym Bóg obdarzył każdego człowieka, a jednak nie wszyscy ją okazują. A nade wszystko miej w sobie pokorę. Nawet jeśli masz godną podziwu siłę wewnętrzną, nie przytłaczaj nią wszystkich dokoła. Zachowuj spokój i bądź taktowny, licz się z ludźmi. To sposób na rozwinięcie wzbudzającego sympatię magnetyzmu.

❖ ❖ ❖

Nie usiłuj nawiązywać dobrych relacji z innymi, zachowując się sztucznie. Bądź po prostu pełen miłości, zawsze gotów do pomocy i bądź w komunii z boskością, na wskroś nią przeniknięty – a zobaczysz, że z każdym pozostaniesz w dobrych stosunkach.

❖ ❖ ❖

W kontaktach z innymi konieczna jest umiejętność dostrzegania i doceniania przymiotów, jakie w sobie wykształcili. Badając charaktery ludzkie otwartym umysłem, lepiej możemy rozumieć innych i utrzymywać z nimi dobre relacje. Błyskawicznie możemy ocenić, z jakim typem człowieka mamy do czynienia i jak do niego podejść. Z filozofem nie rozmawiaj o wyścigach konnych, z uczonym o prowadzeniu domu. Zorientuj się, co kogo interesuje, i na ten temat z nim rozmawiaj, niekoniecznie zaś o tym, co pasjonuje ciebie.

❖ ❖ ❖

Nie mów zbyt dużo o sobie. Staraj się poruszać tematy

ciekawe dla rozmówcy. I słuchaj. To cię uczyni człowiekiem pociągającym. Zobaczysz, jak pożądana będzie twoja obecność.

❖ ❖ ❖

Źródłem kompleksu niższości jest ukryta świadomość jakiejś słabości, autentycznej albo wyimaginowanej. Starając się ją sobie skompensować, człowiek może się otoczyć zbroją fałszywej dumy i demonstrować przerośnięte ego. Wtedy ci, co nie rozumieją prawdziwej przyczyny takiej postawy, będą skłonni orzec, że ów człowiek ma kompleks wyższości. Oba te przejawy dysharmonii wewnętrznej destrukcyjnie wpływają na proces poznania Siebie. Oba są wytworami wyobraźni i wynikają z ignorowania faktów, podczas gdy żaden z nich nie należy do prawdziwej, wszechmocnej natury duszy. Wiarę w siebie opieraj na rzeczywistych osiągnięciach oraz na świadomości, że twoje prawdziwe Ja (dusza) w żaden sposób nie może być „gorsze" od innych; wtedy uwolnisz się od wszelkich kompleksów.

❖ ❖ ❖

Jeśli dla większości ludzi nie jesteś osobą pociągającą, dokonaj samoanalizy. Możesz mieć cechy charakteru, które napawają innych odrazą. Na przykład, nadmierne gadulstwo, ustawiczne wtrącanie się do czyichś spraw czy też nawyk wytykania ludziom wad i braków, albo pouczanie ich, jak powinni żyć, podczas gdy ty sam nie przyjmujesz od nich żadnych rad, dzięki którym mógłbyś się stać doskonalszy. Są to przykłady cech osobowościowych, które sprawiają, że jesteśmy nieatrakcyjni dla innych.

❖ ❖ ❖

Wzgląd na innych to najcudowniejsza z zalet. Ona najbardziej przyciąga do nas innych. Ćwicz się w tym! Osoba troskliwa samorzutnie podsunie napój spragnionemu, wyczuwając jego potrzebę. Wzgląd na innych oznacza dbałość o nich i bycie świadomym ich potrzeb. Osoba posiadająca tę zaletę, znajdując się w towarzystwie innych, będzie intuicyjnie czuła, czego potrzebują.

❖ ❖ ❖

Ćwicz troskliwość i dobroć, aż staniesz się niczym piękny kwiat, na który każdy patrzy z lubością. Uosabiaj piękno kwiatu i czar, jakim emanuje czysty umysł. Człowiek o takich powabach zawsze znajdzie prawdziwych przyjaciół. Umiłują go zarówno ludzie, jak i Bóg.

Przezwyciężanie negatywnych emocji

Cokolwiek z siebie dajesz, powraca do ciebie. Gdy nienawidzisz, zostaniesz znienawidzony. Napełniając się nieharmonijnymi myślami i emocjami, sam siebie niszczysz. Po co kogokolwiek nienawidzić albo się na niego złościć? Kochaj wrogów. Po co gotować się w gorączce rozsierdzenia? Gdy tylko zapłoniesz gniewem, natychmiast go przezwycięż. Udaj się na przechadzkę, policz do dziesięciu lub piętnastu albo zajmij umysł czymś przyjemnym. Odpuść sobie pragnienie odpłaty pięknym za nadobne. Mózg rozzłoszczonego człowieka się przegrzewa, zastawki sercowe szwankują, całe ciało zostaje pozbawione energii. Promieniuj spokojem i dobrocią, ponieważ taka jest natura Boga, którego obraz masz w sobie – twoja prawdziwa natura. A wtedy nikt nie zakłóci ci spokoju.

❖ ❖ ❖

Gdy targa tobą zazdrość, działasz w zmowie z kosmiczną ułudą Szatana[2]. Kiedy wrzesz gniewem, kieruje tobą Szatan [...]. Ilekroć usłyszysz w sobie głos zazdrości, gniewu czy lęku, pamiętaj, że to nie twój głos i rozkaż mu odejść. Jednakże, choćbyś nie wiem jak starał się usunąć z siebie zło, nie zdołasz tego dokonać tak długo, jak długo użyczasz negatywnym emocjom bezpiecznej przystani we własnym umyśle. Wykorzeń zazdrość, lęk i złość z głębi siebie, tak aby za każdym razem, gdy jakiś zły impuls namawia cię do nienawiści i wyrządzania krzywdy, to inny, silniejszy głos nakazuje ci kochać i przebaczać. I *tego* głosu słuchaj.

❖ ❖ ❖

Zazdrość jest pochodną kompleksu niższości, a jej wyrazem są podejrzliwość i lęk. Oznacza ona, że osoba, która jest pod jej wpływem, boi się o swoją pozycję w relacjach z innymi, czy to w stosunkach małżeńskich, czy rodzicielskich, czy społecznych. Jeśli czujesz, że masz rzeczywisty powód do zazdrości o kogoś, na przykład, gdy umiłowana osoba zaczyna darzyć uwagą kogoś innego, przede wszystkim postaraj się zrozumieć, czy przyczyna nie leży w tobie, w jakimś twoim niedostatku. Doskonal się, rozwijaj. Jedynym sposobem utrzymania czyjegoś uczucia lub szacunku jest wierność prawu miłości, i samodoskonalenie, dzięki któremu zasłużymy na uznanie [...]. Gdy się spełniasz, nieustająco

2 Zob. *maja* w Słowniczku.

rozwijając się, doskonaląc, nie ty będziesz się ubiegał o czyjąś uwagę, ale inni o twoją.

❖ ❖ ❖

Nawet podczas gdy dążysz do doskonałości, ucz się polegać na sobie, będąc przekonany o własnych zaletach i wartości. Jeżeli chcesz, by inni w ciebie wierzyli, pamiętaj, że wpływają na to nie tyle słowa, jakie wypowiadasz, ile to, czym jesteś i co w głębi siebie czujesz – to, co się kryje w duszy. Niezależnie od zachowania innych, w głębi siebie zawsze staraj się być aniołem. Szczerym, dobrym, miłującym i wyrozumiałym.

❖ ❖ ❖

Kiedy przychodzi do ciebie ktoś rozgniewany, zachowuj opanowanie: „Nie dam się wyprowadzić z równowagi. Będę okazywał spokój tak długo, aż jego uczucia się wyciszą".

❖ ❖ ❖

Gdy ukochany [...] wystawia naszą cierpliwość na ciężką próbę, należy się schronić w cichym miejscu, zamknąć na klucz, wykonać jakieś ćwiczenia fizyczne, po czym się uspokoić w następujący sposób:

Usiądź na krześle z prostym oparciem, z wyprostowanym kręgosłupem i zrób dwanaście powolnych wdechów i wydechów. Potem w głębi duszy z wielką mocą afirmuj, powtarzając w myślach przynajmniej dziesięć razy: „Ojcze, Tyś jest harmonią. Pozwól i mnie ją odzwierciedlać. Spraw, aby harmonia ogarnęła także mego najdroższego, który błądzi".

Powinieneś afirmować, aż owładnie tobą głęboki spokój i cicha pewność, że Bóg cię usłyszał i odpowiedział.

❖ ❖ ❖

„Czy twoje nauki na temat kontrolowania emocji nie są niebezpieczne?" – zagadnął uczeń. „Wielu psychologów twierdzi, że tłumienie emocji prowadzi do braku równowagi emocjonalnej, a nawet chorób fizycznych".

Paramahansa Jogananda odrzekł: „Tłumienie jest szkodliwe. Tłumisz, gdy nurtuje cię myśl, że czegoś pragniesz, nie robisz jednak nic konstruktywnego, aby to pragnienie zaspokoić. Samoopanowanie to dobrodziejstwo – cierpliwie zastępujesz złe myśli dobrymi, a naganne uczynki użytecznymi".

„Rozpamiętując zło, człowiek wyrządza sobie krzywdę. Ludzie, którzy wypełniają umysł mądrością, a życie konstruktywnym działaniem, oszczędzają sobie niecnego cierpienia".

❖ ❖ ❖

„Gniew wypływa wyłącznie ze sfrustrowanych pragnień" [mawiał Śri Jukteśwar]. „Ja niczego od innych nie oczekuję, tak że ich działania nie mogą nie być w zgodzie z moimi życzeniami".

❖ ❖ ❖

Kiedy ktoś rani cię głęboko, pamiętasz o tym. Jednakże zamiast się na tym skupiać, powinieneś pomyśleć o wszystkim, co jest w nim dobrego, a także o wszelkich darach, którymi obdarzyło cię życie. Na ludzkie obelgi nie zwracaj uwagi.

❖ ❖ ❖

Skoncentruj się na tym, aby móc ujrzeć Boga w swoim wrogu, ponieważ w ten sposób uwalniasz się od zła, jakim jest pragnienie zemsty rujnujące spokój umysłu. Kiedy gromadzisz w sobie pokłady nienawistnych emocji albo odpłacasz nienawiścią za nienawiść, to tym samym nie tylko potęgujesz wrogość swego nieprzyjaciela wobec siebie, ale też swoim jadem zatruwasz własny organizm, tak fizycznie, jak i emocjonalnie.

❖ ❖ ❖

W stosunku do innych miej w sercu jedynie miłość. Im więcej dobra w nich dostrzegasz, tym mocniej je utwierdzasz w sobie. Utrzymuj w sobie świadomość dobra. Ludzie stają się dobrzy, kiedy dostrzegasz w nich dobro – oto recepta. Nie zadręczaj ich zrzędzeniem. Pozostawaj spokojny, pogodny, zawsze opanowany. A wówczas odkryjesz, jak łatwo jest dobrze żyć z ludźmi.

❖ ❖ ❖

Oczyść umysł z wszelkiego niepożądanego krytycyzmu w stosunku do innych. Koryguj z miłością stosowną aluzją lub spojrzeniem, zachowanie osoby otwartej na uwagi, ale nie wymuszaj poprawy; a kiedy milczysz, nie utrzymuj krytycznych myśli.

❖ ❖ ❖

Skuteczniejsze niż słowa mogą być czasem myśli. Umysł ludzki to najpotężniejszy nadajnik, jaki w ogóle istnieje. Jeśli nieprzerwanie, z miłością, nadajesz myśli pozytywne, będą one wywierać wpływ na innych. (Podobnie się dzieje, kiedy wysyłasz myśli zazdrości lub nienawiści. Ludzie je odbierają i odpłacają tą samą monetą). Proś Boga, by wspierał twoje wysiłki swoją boską mocą. Jeśli na przykład mąż schodzi na manowce, żona powinna się modlić: „Panie, pomóż mi dopomóc mężowi. Nie dopuść do mego serca nawet cienia zazdrości czy urazy. Modlę się jedynie o to, by mąż zdołał uświadomić sobie swój błąd i zechciał się zmienić. Trwaj przy nim, Panie, a także mnie błogosław, abym potrafiła zrobić, co do mnie należy". Jeśli masz głęboką więź z Bogiem, przekonasz się, że małżonek się zmieni.

❖ ❖ ❖

Łatwo jest oddać cios za cios, jednakże najwyższą metodą rozbrojenia prześladowcy jest ofiarowana mu miłość. Nawet jeśli to w danej chwili niewiele pomoże, to człowiek ten nigdy nie zapomni, że w zamian za policzek, który ci wymierzył, dostał od ciebie miłość. Miłość ta musi być autentyczna, bo kiedy płynie ze szczerego serca, czyni cuda. Nie oczekuj jednak efektów; a gdy wzgardzą twoją miłością, nie zwracaj na to uwagi. Daj miłość i zapomnij. Niczego się nie spodziewaj, a staniesz się świadkiem magicznej przemiany.

Przebaczenie

Niektóre pisma święte przedstawiają Boga jako mściwe bóstwo, które tylko czeka, żeby nas ukarać. Jezus jednak ukazał nam Jego prawdziwą naturę […]. Nie unicestwił swych wrogów z pomocą „dwunastu anielskich zastępów"[3], ale przezwyciężył zło potęgą boskiej miłości. Tym, co robił, objawiał najwyższą miłość

---

[3] „Czy myślisz, że nie mógłbym prosić Ojca mego, a On wystawiłby mi teraz więcej niż dwanaście legionów aniołów?" (Mt 26:53)

Boga, dając świadectwo, w jaki sposób zachowują się ci, co są z Nim jednym.

❖ ❖ ❖

„Powinno się przebaczać wszelkie krzywdy" – mówi *Mahabharata*[4]. „Powiedziano, że rodzaj ludzki trwa dzięki wzajemnemu wybaczaniu. Wybaczanie jest świętym scalaniem, dzięki któremu wszechświat się nie rozpada. Wybaczanie to moc mocarnych, wybaczanie to ofiara i spokój umysłu. Umiejętność wybaczania i łagodność cechują tych, którzy opanowali Siebie, Jaźń. Oni to uosabiają wieczystą cnotę".

❖ ❖ ❖

„Wtedy przystąpił Piotr do niego i rzekł mu: Panie, ile razy mam odpuścić bratu memu, jeśli przeciwko mnie zgrzeszy? Czy aż do siedmiu razy? Mówi mu Jezus: Nie powiadam ci do siedmiu razy, lecz do siedemdziesięciu siedmiu razy".[5] Modliłem się żarliwie, pragnąc zrozumieć to bezkompromisowe zalecenie. „Panie" – protestowałem – „czy to możliwe?". Kiedy Głos Boży wreszcie odpowiedział, spłynęło na mnie światło niosące pokorę: „Ileż to razy, człowieku, dzień w dzień każdemu z was przebaczam?".

❖ ❖ ❖

Ludzkie serce musi wezbrać współczuciem kojącym wszelki ból w sercach bliźnich, współczuciem, które pozwoliło Jezusowi

---

[4] Wielki indyjski epos, którego częścią jest *Bhagawadgita*.
[5] Mt 18:21-23

powiedzieć: „Ojcze, odpuść im, bo nie wiedzą, co czynią"[6]. On bezmiarem swojej miłości ogarnął wszystkich. Wrogów mógłby unicestwić jednym spojrzeniem, a jednak, podobnie jak Bóg, który choć zna nasze nikczemne myśli, nieustannie nam przebacza, tak też wszystkie wielkie dusze z Nim zestrojone, obdarzają nas taką samą miłością.

❖ ❖ ❖

Jeżeli pragniesz dostąpić Świadomości Chrystusowej[7], naucz się współczuć. Zaczynasz przejawiać tę wielką świadomość, kiedy w sercu budzi się autentyczne uczucie do innych [...]. Pan Kryszna powiedział: „Najwyższy jogin to ten, który wobec wszystkich ludzi jest usposobiony jednako życzliwie"[8].

❖ ❖ ❖

Gniew i nienawiść nie dokonają niczego. Miłość nagradza. Możesz kogoś zastraszyć, ale gdy tylko zbierze się w sobie, będzie usiłował cię zniszczyć. Gdzie wtedy twoje zwycięstwo? Wcale go nie pokonałeś. Zwyciężać można jedynie miłością. A gdy nie zdołałeś zwyciężyć, po prostu zamilcz albo odejdź i módl się za tego człowieka. Oto jak trzeba miłować. Jeśli tak żyjesz, tak kochasz, zaznasz pokoju, który przekracza wszelkie pojmowanie.

6 *ibid.*, Łk 23:34
7 Świadomość Kosmiczna, jedność z wszechobecnością Boga. Zob. Słowniczek.
8 *Bhagawadgita* VI: 9

AFIRMACJE

Postaram się każdemu dogodzić uprzejmym, taktownym zachowaniem, starając się zawsze usunąć wszelkie nieporozumienia, które świadomie lub nieświadomie wywołałem.

❖ ❖ ❖

Wybaczam dziś wszystkim, którzy kiedykolwiek mnie obrazili. Ofiarowuję miłość wszystkim spragnionym sercom – sercom tych, którzy mnie kochają i tych, którzy mnie nie kochają.

Rozdział 12

Miłość bezwarunkowa: doskonalenie ludzkich relacji

Cały świat zapomniał co naprawdę znaczy słowo *miłość*. Miłość została tak znieważona i ukrzyżowana przez człowieka, że niewielu ludzi wie, czym jest prawdziwa miłość. Podobnie jak olej wypełnia każdą cząstkę oliwki, tak miłość przenika każdy atom wszechświata. Zdefiniować miłość jest jednak niezwykle trudno, tak trudno, jak dokładnie opisać słowami smak pomarańczy. Chcąc go poznać, trzeba skosztować owocu.

❖ ❖ ❖

W znaczeniu ogólnym miłość w stworzeniu jest boską mocą przyciągania, potęgą, która harmonizuje, jednoczy, spaja [...]. Ludzie, których wibracje rezonują z przyciągającą potęgą miłości, żyją w harmonii z naturą i bliźnimi, a perspektywa błogiego zjednania się z Bogiem ma dla nich wielki powab.

❖ ❖ ❖

„Zwykła ludzka miłość jest samolubna, zakorzeniona w mroku pragnień, w żądzy zadowolenia – [mawiał Śri Jukteśwar]. Miłość boska jest bezwarunkowa, bezgraniczna i niezmienna. Pod porażającym dotknięciem tej czystej miłości niepokoje ludzkiego serca na zawsze ustają".

❖ ❖ ❖

Wielu ludzi jednego dnia mówi: „Kocham cię", a następnego cię odrzucają. To nie miłość. Człowiek o sercu pełnym miłości do Boga nie potrafi skrzywdzić nikogo umyślnie. Kiedy miłujesz Boga bez żadnych zastrzeżeń, przepełnia ci On serce bezwarunkową miłością do wszystkich i wszystkiego. Miłości tej nie zdoła opisać żaden ludzki język. [...] Zwykły człowiek nie potrafi kochać w taki sposób. Skoncentrowany na świadomości „ja, mnie, moje", jeszcze nie odkrył wszechobecnego Boga, który mieszka w nim i we wszystkich innych istotach. Dla mnie nie ma żadnej różnicy między jedną a drugą osobą. We wszystkich widzę dusze będące odzwierciedleniem jedynego Boga. O nikim nie potrafię myśleć, że jest mi kimś obcym, ponieważ wiem, że każdy z nas jest częścią jedynego Ducha. Kiedy doświadczysz tego, w czym się zawiera sens wszystkich religii, czyli poznania Boga, zdasz sobie sprawę, że Bóg to twoja Jaźń istniejąca we wszystkich istotach bezstronnie i w równym stopniu. Wówczas będziesz zdolny miłować innych jak siebie samego.[1]

❖ ❖ ❖

W świadomości człowieka zatopionego w niebiańskiej miłości Boga nie ma nieuczciwości, ciasnych podziałów kastowych czy religijnych, nie ma żadnych granic. Doznawszy tej miłości, nie będziesz widział różnicy między kwiatem a zwierzęciem, między tą czy inną osobą. Stanowiąc jedno z przyrodą, będziesz z nią obcować, a całą ludzkość kochać jednakowo.

---

[1] „Będziesz miłował Pana, Boga swego, z całego serca swego i całej duszy swojej, i z całej myśli swojej, i z całej siły swojej, a bliźniego swego jak siebie samego" (Łk 10:27).

❖ ❖ ❖

Koniecznym warunkiem urzeczywistnienia boskości w sobie, jest okazywanie współczucia w stosunku do wszystkich istot, jako że sam Bóg jest pełen współczucia. Człowiek o czułym sercu potrafi się postawić w sytuacji innego, odczuć jego cierpienie i starać się mu ulżyć[2].

Równoważenie przymiotów żeńskich i męskich

Wydaje się, że między mężczyzną a kobietą zawsze istniała jakaś rywalizacja. Są oni jednak sobie równi; ani jedno, ani drugie nie jest istotą wyższego rodzaju. Bądź dumny z tego, czym jesteś w tym życiu.

❖ ❖ ❖

„We śnie nie wiesz, czy jesteś mężczyzną, czy kobietą – [mawiał Śri Jukteśwar]. Podobnie jak mężczyzna grający rolę kobiety nie staje się kobietą, tak i dusza, która odgrywa rolę zarówno kobiet, jak mężczyzn, pozostaje niezmieniona. Dusza jest niezmiennym i pełnym odzwierciedleniem Boga".

❖ ❖ ❖

Nie pozwól się ograniczyć do świadomości, że jesteś kobietą albo mężczyzną – ty, dusza stworzona na obraz i podobieństwo Boga […]. Najmądrzej jest zawsze pamiętać: „Nie jestem ani kobietą, ani mężczyzną, jestem Duchem". Wtedy uwolnisz się od

---

2 Pan Kryszna tak nauczał: „Najlepszym joginem jest ten, który w smutku czy radości czuje do innych to samo, co do siebie" (*Bhagawadgita* 6:32).

skłonności utożsamiania się z którąś z płci; urzeczywistnisz swój najwyższy boski potencjał, niezależnie od tego, czy się inkarnowałeś w ciele kobiety czy mężczyzny.

❖ ❖ ❖

Bóg to zarówno bezmiar mądrości, jak i uczucia. Gdy Bóg przejawił się w stworzeniu, uosobił Swoją mądrość w ojcu, a Swoje uczucie w matce [...]. Każdy ojciec i każda matka są potencjalnie obdarzeni ojcowską miłością, jak i matczyną czułością Boga. Te wrodzone predyspozycje należy doskonalić [...]. Człowiek, który urzeczywistnił w sobie boskość, rozwija zarówno cechy ojcowskie, jak i matczyne.

❖ ❖ ❖

Mężczyzna utrzymuje, że kobieta kieruje się emocjami i nie potrafi korzystać z rozumu, podczas gdy kobieta się uskarża na męską nieczułość. Oboje nie mają racji. Kobieta potrafi rozumować, ale zgodnie ze swą naturą daje pierwszeństwo uczuciu, mężczyzna zaś może odczuwać, choć przeważa w nim rozum.

❖ ❖ ❖

Bóg stworzył mężczyznę i kobietę jako istoty o odmiennej psychice i umysłowości, aby się jakoś od siebie różnili. Idealny duchowy związek między nimi miał rozbudzać w mężczyźnie nieujawnioną uczuciowość, a w kobiecie rozwijać ukryte moce rozumu. Było im przeznaczone wzajemnie sobie pomagać w rozwijaniu boskich przymiotów doskonałego rozumu i doskonałości uczuć.

❖ ❖ ❖

Obie płcie powinny dążyć do osiągnięcia równowagi, ucząc się od siebie w atmosferze przyjaźni i wyrozumiałości.

❖ ❖ ❖

Jeśli mężczyzna i kobieta nie rozumieją wzajemnie swojej odmiennej natury, nieświadomie nawzajem się torturują. Każde z nich powinno dążyć do wewnętrznej równowagi rozumu i uczucia, co pozwoli im osiągnąć „pełną" osobowość i stać się doskonałą istotą ludzką.

❖ ❖ ❖

Harmonia lub równowaga tych dwóch dyspozycji wewnętrznych rodzi się w człowieku dzięki obcowaniu z Bogiem.

❖ ❖ ❖

W wielkich świętych dostrzegamy idealne połączenie cech męskich i żeńskich. Wyróżniał się tym Jezus, podobnie jak wszyscy mistrzowie. Osiągając doskonałą równowagę uczucia i rozumu, opanujesz jedną z najważniejszych nauk, dla których przyswojenia zostaliśmy wysłani tu na ziemię.

❖ ❖ ❖

Ludzkość musi sobie uświadomić, że duchowość jest fundamentalną naturą duszy. Patrząc na siebie jak na narzędzia do zaspokojenia żądzy, mężczyzna i kobieta igrają z własnym szczęściem, które w ten sposób niszczą. Zwolna, po trochu, spokój umysłu zacznie ich opuszczać.

❖ ❖ ❖

Mężczyzna powinien starać się dostrzegać w kobiecie Boga oraz pomagać jej w urzeczywistnianiu jej duchowej natury. Powinien sprawić, aby kobieta czuła, że jest z nim nie wyłącznie po to, żeby zadowalać jego apetyt zmysłowy, ale że jest jego towarzyszką życia, którą on szanuje i uznaje za przejawioną Boskość. W ten sam sposób kobieta powinna patrzeć na mężczyznę.

❖ ❖ ❖

Kiedy mężczyzna i kobieta szczerze i prawdziwie kochają się nawzajem, istnieje między nimi pełna harmonia cielesna, psychiczna i duchowa. Rezultatem ich miłości wyrażanej w najwyższej formie jest doskonała jedność.

Małżeństwo

Dwie osoby, które się łączą, aby iść przez życie wzajemnie sobie pomagając w urzeczywistnianiu boskości, opierają małżeństwo na właściwym fundamencie: na bezwarunkowej przyjaźni.

❖ ❖ ❖

Przyszliśmy na ziemię, aby się nauczyć miłować uczuciem czystym i bezwarunkowym męża lub żonę, rodziców, dzieci, przyjaciół oraz wszystkich ludzi.

❖ ❖ ❖

Prawdziwe małżeństwo to laboratorium, w którym trucizny samolubstwa, złych humorów czy niewłaściwego zachowania można wlać do probówki cierpliwości i zneutralizować, i przemienić za sprawą potężnego katalizatora miłości oraz nieustannego wysiłku, aby postępować szlachetnie.

❖ ❖ ❖

Jeśli twój małżonek lub małżonka ma jakieś nawyki lub cechy, które wydobywają na jaw nienajlepsze strony twego charakteru, należy sobie uświadomić powód, dla którego tak się dzieje: daje ci to możliwość, aby te ukryte w tobie trucizny wypłynęły na powierzchnię i zostały wyeliminowane, a to pomoże ci oczyścić swoją naturę.

❖ ❖ ❖

Najwspanialszą rzeczą, jakiej małżonkowie mogą sobie wzajemnie życzyć, jest uduchowienie, jako że dusza, rozkwitając, budzi w człowieku niebiańskie przymioty wyrozumiałości, cierpliwości, troskliwości, miłości. Każdy z małżonków powinien jednak pamiętać, że pragnienia duchowego wzrostu nie sposób na nikim wymusić. Ty sam żyj miłością, a twoje zalety zainspirują wszystkich twych ukochanych.

❖ ❖ ❖

Małżonkowie, niepomni prawdziwego, wzniosłego celu małżeństwa, mogą nigdy nie zaznać prawdziwie szczęśliwego pożycia. Małżeństwo idealne nie powinno dopuszczać do nadmiaru seksu, zbytniej poufałości, braku uprzejmości, podejrzliwości, obraźliwych słów lub zachowań, kłótni przy dzieciach czy osobach postronnych, zrzędzenia, wyładowywania na małżonku złości i napięć spowodowanych kłopotami.

❖ ❖ ❖

Pierwszym i najistotniejszym warunkiem szczęścia małżeńskiego jest jedność dusz – podobieństwo ideałów i celów duchowych oraz gotowość ich urzeczywistniania poprzez naukę, wysiłek i samodyscyplinę. Małżeństwo tych par, których dusze stapiają się w jedno, będzie udane, nawet gdy małżonkowie nie spełniają innych podstawowych warunków szczęśliwego związku.

Drugim warunkiem szczęśliwego małżeństwa są podobne zainteresowania –intelektualne, towarzyskie, itp.

Trzecim, najmniej ważnym czynnikiem (choć zazwyczaj stawianym na pierwszym miejscu przez osoby nieoświecone), jest pociąg fizyczny. Jeżeli para nie spełnia warunku pierwszego albo pierwszych dwóch warunków, siła pociągu seksualnego szybko wygasa.

❖ ❖ ❖

Ludzie pragnący się pobrać powinni najpierw nauczyć się panować nad emocjami[3]. Kiedy dwie osoby, które nie przeszły takiego treningu, znajdą się na arenie małżeńskiej, będą staczać ze sobą walki bardziej zacięte niż przeciwnicy w wojnie światowej! Tyle że wojny po jakimś czasie się kończą, tymczasem niektóre pary małżeńskie wojują ze sobą przez całe życie. Wydawałoby się, że ludzie w cywilizowanym społeczeństwie powinni wiedzieć, jak pozostawać ze sobą w dobrych stosunkach; sztukę tę opanowało jednak bardzo niewielu. Małżeństwo należy karmić wysokimi ideałami i poić winem boskiej inspiracji – wtedy związek będzie szczęśliwy, a także obopólnie korzystny.

❖ ❖ ❖

3 Zob. s. 140 i nast.

Gdyby mężowie i żony, którzy przyzwyczaili się traktować siebie nawzajem jako cel do ćwiczeń w strzelaniu pociskami gniewnych słów i afrontów, spróbowali w zamian obdarzać się kojącym duszę nektarem pełnych dobroci słów, wtedy stworzyliby sobie nowe szczęście rodzinne.

❖ ❖ ❖

W związku małżeńskim mężczyzny i kobiety seks ma należne sobie miejsce. Jeżeli jednak staje się jego najważniejszą spójnią, miłość ucieka drzwiami i oknami, i ulatnia się jak kamfora; jej miejsce przejmuje zaborczość, nadmierna poufałość, obelgi, co kładzie kres przyjaźni i wyrozumiałości. Pociąg seksualny jest wprawdzie jednym z warunków narodzin miłości, jednakże sam w sobie miłością nie jest. Seks i miłość są tak odległe od siebie jak księżyc i słońce. Seks staje się środkiem wyrazu miłości jedynie wówczas, gdy najwyższą wartością, najmocniejszą więzią małżeństwa jest przeistaczająca moc prawdziwej miłości. Ludzie, którzy zbyt wiele życia spędzają na uprawianiu seksu, gubią drogę i nie znajdują zadowolenia w małżeństwie. Mąż i żona mogą poznać prawdziwą miłość jedynie dzięki samoopanowaniu, które sprawia, że seks nie staje się władcą, ale jest tylko sługą ich miłości. W świecie współczesnym, przeceniającym znaczenie przeżyć seksualnych, niestety nader często zaprzepaszcza się miłość.

❖ ❖ ❖

Ci, których pożycie seksualne jest naturalnie umiarkowane – nigdy nie wymuszone – rozwijają inne trwałe wartości życia małżeńskiego: przyjaźń, wspólne towarzystwo, wzajemne zrozumienie i miłość. Na przykład, madame Amelita Galli-Curci[4] i jej małżonek, Homer Samuels, to najbardziej kochająca się para, jaką poznałem na Zachodzie. Łączy ich cudowna miłość, ponieważ wprowadzają w życie ideały, które zalecam. Kiedy się rozstają chociażby na krótko, nie mogą się doczekać ponownego spotkania, radości swego towarzystwa, dzielenia się myślami i miłością.

❖ ❖ ❖

Każdy człowiek potrzebuje nieco samotności lub odosobnienia, aby móc się uporać z rosnącymi napięciami, jakie niesie życie […]. Nie naruszajcie nawzajem swej niezależności.

❖ ❖ ❖

Kiedy mąż służy żonie, a żona mężowi, pragnąc, by partner był szczęśliwy, znak to, że przez ich świadomość zaczęła się wyrażać Świadomość Chrystusowa, ta Boska Kosmiczna Inteligencja, która przenika każdy atom stworzenia.

❖ ❖ ❖

Gdy dwoje ludzi czuje, że się bezwarunkowo nawzajem przyciągają i są gotowi do wzajemnych poświęceń, znaczy to, że prawdziwie się kochają.

❖ ❖ ❖

---

[4] Światowej sławy śpiewaczka operowa (1889 – 1963), która poznała Paramahansę Joganandę w pierwszych latach jego pobytu w Stanach Zjednoczonych. Ona i jej mąż stali się oddanymi członkami Self-Realization Fellowship. Madame Amelita Galli-Curci napisała przedsłowie do książki *Whispers from Eternity* Paramahansy Joganandy.

Pragnąć doskonałości dla umiłowanej osoby, a na samą myśl o tej duszy odczuwać czystą radość, oto miłość niebiańska – miłość prawdziwych przyjaciół.

❖ ❖ ❖

Medytujcie razem codziennie rano, a zwłaszcza wieczorem […]. Urządźcie sobie rodzinny ołtarzyk, przy którym zarówno mąż i żona, jak i dzieci mogą się gromadzić, aby ofiarowywać Bogu głębokie oddanie oraz jednoczyć na zawsze swoje dusze w wieczyście radosnej Świadomości Kosmicznej[5] […]. Im więcej będziecie razem medytować, tym bardziej pogłębiać się będzie wasza wzajemna miłość.

Przyjaźń

Przyjaźń jest niczym głos Bożej trąby, wzywającej duszę do obalenia murów wzniesionych przez świadomość ego, murów oddzielających ją od wszystkich innych dusz – i od Niego.

❖ ❖ ❖

Przyjaźń jest najczystszą postacią miłości Boga, ponieważ nie narzuca jej instynkt rodzinny, ale się rodzi z mocy wolnego wyboru serca. Dla idealnych, prawdziwych przyjaciół nie ma rozstania, ich braterskiej więzi nic nie zdoła przeciąć.

❖ ❖ ❖

Skarb przyjaźni to najwspanialsze z twych bogactw, bo zabierasz go ze sobą aż w zaświaty. W domu Ojca znów spotkasz

5   Zob. Słowniczek.

wszystkich swoich prawdziwych przyjaciół, ponieważ prawdziwej miłości nie traci się nigdy.

❖ ❖ ❖

Kiedy w związkach duchowych istnieje prawdziwa przyjaźń spajająca dwa serca lub całe ich grono, przyjaźń ta doskonali każdego z przyjaciół.

❖ ❖ ❖

Masz w sercu magnes przyciągający prawdziwych przyjaciół. Owym magnesem jest bezinteresowność, myślenie przede wszystkim o innych. Bardzo nieliczni ludzie są wolni od egocentryzmu. Jednak każdy może całkiem łatwo wykształcić w sobie altruizm, myśląc najpierw o innych.

❖ ❖ ❖

Nie przyciągniesz prawdziwych przyjaciół, dopóki nie wymażesz ze swego charakteru skazy samolubstwa i innych negatywnych cech. Największa sztuka zdobywania przyjaciół polega na tym, aby samemu zachowywać się nieskazitelnie – by być uduchowionym, czystego serca, niesamolubnym [...]. Będziesz przyciągać tym liczniejsze grono przyjaciół, im więcej przywar zniknie i im więcej zalet przybędzie w twoim życiu.

❖ ❖ ❖

Prawdziwa przyjaźń polega na służeniu sobie nawzajem. Dobry przyjaciel podniesie na duchu, gdy się martwisz lub cierpisz, w smutku okaże współczucie, w trudnym położeniu posłuży radą, a także – w razie prawdziwej potrzeby – wesprze pomocą materialną [...]. Gdy osoba, która ofiaruje komuś swoją przyjaźń, chętnie się wyrzeka samolubnych przyjemności czy własnych korzyści dla dobra swego przyjaciela, nie czując, że coś traci ani że się poświęca, ani nie liczy kosztów.

❖ ❖ ❖

Nawet gdy między takimi przyjaciółmi zaistnieje różnica zdań, nadal dobrze się rozumieją i porozumiewają. Niezależnie od różnic poglądów żywią do siebie szacunek i cenią sobie tę przyjaźń ponad wszystko. Prawdziwa przyjaźń, przyjaźń zakotwiczona w Bogu, jest jedynym trwałym związkiem.

❖ ❖ ❖

Kiedy ofiarowujesz komuś przyjaźń, rób to szczerze. Nie powinieneś okazywać zewnętrznie dobroci ani woli współpracy, gdy w głębi serca czujesz do tego niechęć. Prawo duchowe jest bardzo silne. Nie łam duchowych praw. Nigdy nie oszukuj ani nie dopuszczaj się zdrady. Jako przyjaciel musisz również wiedzieć, kiedy pilnować własnych spraw, znać swoje miejsce; wiedzieć, kiedy okazać gotowość do współpracy, a kiedy absolutnie nie.

❖ ❖ ❖

Źle jest mówić prawdę, która nie służy żadnemu celowi, a przy tym niepotrzebnie zdradza drugą osobę. Przypuśćmy, że ktoś pije, starając się ukryć ten nałóg przed resztą świata. Znasz tę jego słabość i w imię prawdomówności oznajmiasz swoim znajomym: „Czy wiecie, że ten a ten pije?". Taka uwaga jest nie na miejscu, bo nie powinno się wtrącać do czyjegoś życia. Osłaniaj ludzkie błędy i przywary, o ile nie szkodzą one nikomu innemu. Gdy masz po temu sposobność albo poczuwasz się do odpowiedzialności za tego człowieka, porozmawiaj z nim w cztery oczy, aby mu jakoś pomóc. Nigdy jednak, pod pozorem świadczenia pomocy, nie poruszaj tej sprawy, ażeby rozmyślnie zranić winowajcę. W ten sposób „pomożesz" mu tylko stać się twoim wrogiem. Taką „prawdą" możesz też zdusić w zarodku wszelkie pragnienie poprawy, jakie być może zakiełkowało w nieszczęśniku.

❖ ❖ ❖

Pomagaj przyjacielowi, będąc dla niego inspiracją na płaszczyźnie intelektualnej, estetycznej i duchowej. Nigdy nie pozwalaj sobie na sarkazm. Nie schlebiaj mu, chyba że chcesz go w ten sposób wesprzeć, zachęcić. Nie przytakuj mu, gdy nie ma racji.

❖ ❖ ❖

Bądź prawdziwy, szczery, a przyjaźń będzie stale wzrastać. Pamiętam rozmowę ze Śri Jukteśwarem na temat szczerości.

– Szczerość – powiedziałem – jest ponad wszystko.

– Nie – odparł. – Ponad wszystko cenna jest szczerość plus rozwaga. – Po czym dodał. – Wyobraź sobie, że siedzisz u siebie w salonie, którego podłogę wyściela piękny dywan. Na dworze leje. Drzwi otwierają się z hukiem, wpada przyjaciel od lat niewidziany i pędzi jak burza, żeby cię powitać.

– To dobrze – zauważyłem. Jednak mój Guru jeszcze nie doszedł do sedna.

– Spotkanie po latach szczerze was uradowało – ciągnął Śri

Jukteśwar – ale czy nie wolałbyś, żeby przyjaciel, zanim wtargnął do pokoju i zniszczył ci dywan, pomyślał o zdjęciu zabłoconych butów?

Musiałem przyznać mu rację.

Ważne, aby bez względu na to, jak wysoko kogoś cenisz albo jak jesteś z nim blisko, nie szczędzić tej relacji słodyczy dobrych manier i troskliwości. Przyjaźń rozkwita wtedy wprost cudownie i nie przemija. Natomiast poufała zażyłość, która prowadzi do nietaktownych zachowań, niezmiernie szkodzi przyjaźni.

❖ ❖ ❖

Podobnie jak dzięki rosie kwiat lepiej się rozwija, tak słodycz wewnętrzna i zewnętrzna sprzyja rozkwitowi przyjaźni.

❖ ❖ ❖

Przyjaźń jest szlachetna, owocna, święta –
Kiedy dwie dusze odrębne, o różnych poglądach, maszerują
    pospołu,
I jednak w harmonii, czy się ze sobą zgadzają, czy też sobie
    przeczą,
Entuzjastycznie doskonaląc się w sposób tak odmienny. [...]
O przyjaźni, kwitnąca, w niebie zrodzona roślino!
Czerpiesz swe soki z gleby bezmiernej miłości
W poszukiwaniu wspólnego postępu dusz
Przez dwa serca, co sobie nawzajem wygładzają ścieżki.[6]

❖ ❖ ❖

---

[6] Fragment poematu *Przyjaźń* ze zbiorku *Songs of the Soul* [Pieśni duszy] autorstwa Paramahansy Joganandy.

Pragnąc ofiarowywać przyjaźń prawdziwą, bezwarunkową, musisz zakotwiczyć swą miłość w miłości Boga. Twoje życie zanurzone w Bogu jest inspiracją prawdziwej, boskiej przyjaźni ze wszystkimi.

❖ ❖ ❖

Postaraj się udoskonalić przyjaźń łączącą cię z kilkoma duszami. Kiedy naprawdę zdołasz je obdarzyć przyjaźnią bezwarunkową, wtedy twoje serce będzie gotowe, by doskonałą przyjaźnią obdzielić wszystkich. Kto tego dokona, wzniesie się na poziom boskości, stanie się podobny wielkim duszom, które są przyjaciółmi każdego człowieka, bez względu na osobowość. Przyjaźń skupiona jedynie na paru duszach z wyłączeniem innych, przypomina rzekę, która rozlewa się na piaskach i ginie w nich, nigdy nie dopływając do oceanu. Rwąc naprzód, potężnie i zdecydowanie, rzeka niebiańskiej przyjaźni poszerza swe brzegi, by ostatecznie złączyć się z oceaniczną obecnością Boga.

AFIRMACJA

Gdy promieniuję na ludzi miłością i dobrą wolą, otwieram kanał, przez który spływa na mnie miłość Boga. Miłość boska to magnes przyciągający ku mnie wszelkie dobro.

Rozdział 13

Zrozumieć śmierć

Chociaż zwykły człowiek myśli o śmierci z przerażeniem i smutkiem, to jednak ci, którzy już odeszli, wiedzą, że jest ona przeżyciem cudownym, napełniającym uczuciem spokoju i wolności.

❖ ❖ ❖

Chyba najwięcej pytań zadajemy sobie na temat losu tych zmarłych, których kochamy. Gdzie teraz są? Dlaczego są nam odbierani? Krótkie pożegnanie i zaraz znikają za zasłoną śmierci. Czujemy się tacy bezradni i smutni; i nic nie możemy na to poradzić. [...] Chociaż umierający nie może mówić, w jego świadomości pojawia się pragnienie. Myśli: „Odchodzę od ukochanych, a czy jeszcze kiedyś ich zobaczę?". Podobnie myślą ci, których ten człowiek opuszcza: „Tracę go. Czy będzie mnie pamiętał? Czy się jeszcze spotkamy?". [...] Kiedy w obecnym życiu straciłem matkę, obiecałem sobie, że już nigdy do nikogo się nie przywiążę.[1] Całą miłość oddałem Bogu. To pierwsze zetknięcie ze śmiercią było dla mnie poważnym przeżyciem. Wiele mnie

---

[1] W chwili śmierci matki Paramahansa Jogananda miał zaledwie jedenaście lat. Z młodzieńczą determinacją tak długo dobijał się do bram nieba, aż dostał od Boga odpowiedź, aż doznał objawienia, że poprzez serca wszystkich ukochanych przejawia się miłość samego Boga. Miłując Boga, kocha się wszystkich bez wyjątku i bez bólu nieuchronnie związanego z osobistym przywiązaniem. [przyp. Wydawcy]

ono nauczyło. Miesiącami, latami drążyłem uparcie ten temat tak długo, aż odkryłem tajemnicę życia i śmierci. [...] Wszystkiego, co wam przekazuję, sam doświadczyłem.

❖ ❖ ❖

W chwili śmierci zapominamy o ograniczeniach ciała fizycznego i uświadamiamy sobie, jak bardzo jesteśmy wolni. Tylko w ciągu pierwszych paru sekund pojawia się lęk – lęk przed niewiadomym, przed czymś nieznanym świadomości. Zaraz potem spływa na ciebie wielkie objawienie, dusza doznaje radosnej ulgi, czuje się wolna. Już wiesz, że istniejesz niezależnie od śmiertelnego ciała.

❖ ❖ ❖

Pewnego dnia każdy z nas umrze, nie ma więc sensu bać się śmierci. Nie popadasz przecież w przygnębienie na samą myśl, że we śnie tracisz świadomość. Akceptujesz sen jako stan wolności, oczekując go. Właśnie tym jest śmierć – odpoczynkiem, emeryturą po życiu. Nie ma się czego bać. Gdy śmierć nadejdzie, śmiej się jej w twarz. Śmierć jest jedynie doświadczeniem mającym ci udzielić wielkiej lekcji – poznania, że nie możesz umrzeć.

❖ ❖ ❖

Dusza, nasza prawdziwa Jaźń, jest nieśmiertelna. W procesie przemiany zwanym śmiercią możemy zapaść w krótki sen, ale nigdy nie przestajemy istnieć. Istniejemy – i to istnienie jest wieczne. Fala przybija do brzegu, a potem zawraca do morza, ale nie ginie. Staje się jednym z oceanem albo znów się wyłania w postaci innej fali.[2] Ciało się pojawiło, ale potem zniknie, jednak sama esencja, dusza żyjąca w ciele, nigdy nie przestaje istnieć. Nic nie może położyć kresu owej wieczystej świadomości.

❖ ❖ ❖

Jak już udowodniła fizyka, nawet cząstka materii lub fala energii, są niezniszczalne. Tak samo niezniszczalna jest dusza, czyli duchowa esencja człowieka. Materia podlega zmianom, dusza jest poddawana procesom zmiennych doświadczeń. Radykalne przemiany nazywamy śmiercią, śmierć jednak, czyli zmiana formy, nie przeobraża ani nie niszczy duchowej esencji.

❖ ❖ ❖

Ciało jest tylko odzieniem. Chociaż już tyle razy w życiu zmieniałeś ubranie, nie uznałbyś przecież, że to zmieniło *ciebie*. Podobnie, kiedy w chwili śmierci zrzucasz szatę cielesną, *ciebie* to nie zmienia. Pozostajesz tą samą nieśmiertelną duszą, dzieckiem Boga.

❖ ❖ ❖

Słowo „śmierć" to myląca nazwa, bo przecież śmierć nie istnieje. Kiedy życie cię zmęczy, po prostu zdejmujesz okrycie cielesne i powracasz do świata astralnego[3].

❖ ❖ ❖

---

2 Nawiązanie do reinkarnacji. Zob. w Słowniczku.
3 Subtelna kraina wyższych sił i wyższej świadomości. Zob. w Słowniczku: świat astralny.

O nieśmiertelności duszy pięknie i pocieszająco mówi *Bhagawadgita*[4]:

Duch nigdy się nie narodził ani nigdy nie zginie,
Nie było czasu, w którym by nie istniał. Koniec i początek to tylko
   zwidy senne!
Duch wieczyście niezmienny nie zna narodzin ni śmierci;
I choć się zdaje, że dom, gdzie żył, obumarł, jego samego śmierć
   nawet nie muśnie!

❖ ❖ ❖

Śmierć nie jest końcem, ale wyzwoleniem czasowo darowanym człowiekowi, kiedy zgodnie z karmą, zasadą sprawiedliwości, zarówno jego ciało, jak otoczenie spełniły już swoją rolę albo gdy cierpienie tak go umęczyło i wyczerpało, że już nie jest w stanie udźwignąć ciężaru fizyczności. Dla dręczonych cierpieniem śmierć jest wyzwoleniem z mąk cielesnych, ponownym przebudzeniem się w spokoju i ciszy. Dla starców jest emeryturą zapracowaną latami życiowych zmagań, dla wszystkich ludzi – upragnionym wypoczynkiem.

❖ ❖ ❖

Kiedy się pomyśli, że świat jest wielką areną śmierci i kiedyś trzeba będzie się zrzec także własnego ciała, plan Boga wydaje się niezwykle okrutny. Trudno wtedy wyobrazić sobie, że jest On miłosierny. Spoglądając jednak na proces śmierci okiem mądrości, dostrzega się w końcu, że śmierć jest jedynie myślą Boga,

---

[4] *Bhagawadgita* II:20 – przekład angielskiego tłumaczenia [z sanskrytu] Edwina Arnolda.

przechodzącą z koszmaru zmian w błogą w Nim wolność. Święty czy grzesznik, po śmierci obaj otrzymują wolność, choć – zależnie od zasług – w mniejszym lub większym stopniu. W astralnej krainie marzeń sennych naszego Pana, dokąd dusze idą po śmierci, cieszą się one wolnością, jakiej nigdy nie zaznały podczas ziemskiego żywota. Nie użalaj się więc nad osobą, która właśnie doświadcza złudzenia śmierci, ponieważ wkrótce będzie wolna. Gdy tylko otrząśnie się z tej ułudy, wie już, że śmierć wcale nie jest taka zła. Uprzytamnia sobie, że jej śmiertelność okazała się tylko snem, i raduje się, bo obecnie ani ogień nie może jej spalić, ani woda zatopić, jest teraz wolna i bezpieczna[5].

❖ ❖ ❖

Umierający nagle sobie uświadamia, że został uwolniony od ciężaru ciała, od konieczności oddychania, od cierpień fizycznych. Dusza doznaje wrażenia, że szybuje tunelem pełnym mglistego, łagodnego światła, które tchnie niezmiernym spokojem. Następnie dusza zapada w sen nieświadomy, milion razy głębszy i przyjemniejszy od najgłębszego ze snów, jakich zaznała w ciele fizycznym [...]. Ludzie różnie przeżywają stan pośmiertny w zależności od tego, jaki rodzaj życia wiedli na ziemi. Podobnie jak sen poszczególnych mieszkańców naszej planety różni się głębokością i czasem trwania, tak ich doświadczenia po śmierci

---

5 Ni żadna broń nie przeszyje duszy, ni ogień jej nie spopieli, ani też woda nie zmoczy, ani wiatr na wiór nie wysuszy [...]. Dusza trwa niezmieniona, wszechprzenikająca, nieustająco spokojna i nieporuszona – wieczyście ta sama. Napisano, że jest ona niepojęta, nieprzejawiona oraz nie podlega zmianom. A przeto, wiedząc o tym, nie powinieneś biadać. [*Bhagawadgita* II:23-25, tłumaczenie z angielskiego przekładu Joganandy.]

przebiegają rozmaicie. Dobry człowiek, który ciężko pracował w fabryce życia, po śmierci pogrąża się w głębokim, nieświadomym, spokojnym śnie na krótko. Budzi się potem w jakimś obszarze życia świata astralnego: „W domu Ojca mego wiele jest mieszkań"[6].

❖ ❖ ❖

– Nigdy nie mogę uwierzyć w niebo – zauważył pewien nowy uczeń. – Czy takie miejsce naprawdę istnieje?

– Tak – odrzekł Paramahansa Jogananda. – Idą doń po śmierci ludzie, którzy miłują Boga i pokładają w Nim ufność. Tam, na planie astralnym, człowiek dysponuje mocą natychmiastowego materializowania wszystkiego samą myślą. Ciało astralne utworzone jest z mieniącego się światła. W owej niebiańskiej krainie ujrzysz kolory i usłyszysz dźwięki całkiem nieznane na ziemi. Jest to świat niezwykle cudny i przyjemny.

❖ ❖ ❖

[Śmierć] to nie koniec wszystkiego, ale przejście z fizycznych doświadczeń w gęstej sferze zmiennej materii do czystszych radości w astralnym królestwie wielobarwnych świateł.

❖ ❖ ❖

„Wszechświat astralny – [opowiadał Śri Jukteśwar] – jest niezwykle piękny, czysty i jasny. Panuje w nim ład. Nie ma tam martwych planet ani nieurodzajnych pustkowi. Nie ma też ziemskich plag – chwastów, bakterii, owadów, węży. Inaczej niż na

[6] Jan: 14:2

ziemi, gdzie są różne klimaty i pory roku, na planetach astralnych panuje stała temperatura wiecznej wiosny, a od czasu do czasu pada świetlisty, biały śnieg i deszcz różnobarwnych świateł. Na planetach tych jest wielka obfitość opalizujących jezior, lśniących mórz i tęczowych rzek".

❖ ❖ ❖

Dusze zamieszkujące świat astralny spowijają się w pajęcze szaty ze światła. Nie zamykają się w futerale pełnym kości powleczonych ciałem. Nie dźwigają kruchych, a ciężkich szkieletów, które się łamią w zderzeniu z innymi ciałami stałymi. Toteż astralne ciała ludzkie nie muszą walczyć z przedmiotami, oceanami, piorunami ani z chorobą. Nie zdarzają się także wypadki, jako że wszystko współistnieje tam na zasadzie wzajemnej pomocy, a nie antagonizmów. Wszelkie rodzaje wibracji funkcjonują we wzajemnej harmonii, wszelkie siły żyją ze sobą w pokoju i są świadomie pomocne sobie nawzajem. Dusze, promienie, po których stąpają oraz pomarańczowe promienie służące im za napój i pożywienie – wszystkie utkane są z żywego światła. Dusze żyją we wzajemnym zrozumieniu, współpracując ze sobą. Nie oddychają tlenem, lecz radością Ducha.

❖ ❖ ❖

„Przyjaciele z innych żywotów z łatwością rozpoznają się w świecie astralnym – [opowiadał Śri Jukteśwar]. – Ciesząc się nieśmiertelną przyjaźnią, przekonują się, że miłość jest niezniszczalna, chociaż tak często w to wątpi się w chwilach smutnych, pozornych rostań w ziemskim życiu".

❖ ❖ ❖

Dlaczego płaczemy, kiedy umiera ktoś bliski sercu? Bolejemy nad własną stratą. Skoro ukochani nas opuszczają, aby się uczyć w lepszych szkołach życia, powinniśmy się cieszyć, zamiast się samolubnie smucić; albowiem, wysyłając w przestworza nasze egoistyczne życzenia, możemy ich zatrzymywać przy ziemi i przez to hamować ich rozwój. Pan jest wiecznie nowy i nieskończoną mocą swej czarodziejskiej różdżki „Ponawiania Śmierci", sprawia, że każdy stworzony przedmiot, każda żywa istota wiecznie się przejawiają i przekształcają w narzędzia lepiej dostosowane do wyrażania Jego niezliczonych postaci. Człowiekowi odpowiedzialnemu śmierć przynosi promocję do wyższego stanu, a temu, któremu się nie powiodło, oferuje kolejną szansę w nowym otoczeniu.

❖ ❖ ❖

Śmierć jest ukoronowaniem życia. W śmierci życie szuka wytchnienia. Stanowi ona zapowiedź największego szczęścia, cudownej wolności od tortur cielesnych. Wraz ze śmiercią automatycznie ustaje wszelki ból ciała, podobnie jak sen usuwa ona fizyczne zmęczenie i obolałość steranego ciała. Śmierć to tymczasowe zwolnienie z więzienia ciała fizycznego.

❖ ❖ ❖

Człowiek pogrążony w niewiedzy widzi tylko nieprzekraczalny mur śmierci, który – pozornie na zawsze – skrywa przed nim ukochanych. Ten jednak, kto się uwolnił od przywiązań i miłuje innych jako przejawienia Pana, rozumie, że zmarli powrócili do Boga jedynie na chwilę wytchnienia, aby pooddychać Jego radością.

❖ ❖ ❖

Jakże wspaniałe jest życie po śmierci! Nie musisz już ze sobą taszczyć tego starego bagażu kości wraz z jego wszystkimi utrapieniami. W niebie astralnym będziesz wolny, nieskrępowany żadnymi ograniczeniami fizycznymi.

❖ ❖ ❖

Opisałem kiedyś swoją wizję umierającego młodzieńca, w której Bóg pokazał mi właściwą postawę wobec śmierci. Chłopak leżący w łóżku słyszy, że lekarze dają mu jeszcze tylko jeden dzień życia. I tak na to odpowiada:

„Jeszcze jeden dzień i połączę się z Umiłowanym! – gdy tylko śmierć otworzy wrota nieśmiertelności i uwolnię się zza więziennych krat bólu. Nie opłakujcie mnie wy, co się ostaniecie na opustoszałym brzegu, by wciąż rozpaczać i boleć. To ja was żałuję! Lejecie nade mną łzy żałobne, szlochając, że mnie stracicie. Ja zaś płaczę łzami radości, bo wszak odchodzę przed wami dla waszego dobra, aby oświetlić wam całą tę drogę, zapalając na niej pochodnie mądrości. Będę czekał, aby was powitać tam, gdzie będę z Umiłowanym – moim, a także waszym. Ach, drodzy moi, weselcie się moją radością!⁷".

❖ ❖ ❖

---

7   Paramahansa Jogananda parafrazuje tu swój poemat pt. "The Dying Youth's Divine Reply," zamieszczony w *Songs of the Soul*.

Nie wiesz, co jeszcze może ci się przydarzyć na tym świecie, musisz tu dalej żyć i się trapić. Umarli współczują nam i nas błogosławią. Czemuż mielibyśmy ich opłakiwać? Opowiedziałem to [historię o umierającym młodzieńcu] pewnej kobiecie, która właśnie straciła syna. Gdy tylko skończyłem jej to wyjaśniać, natychmiast osuszyła łzy i odrzekła: „Nigdy przedtem nie czułam takiego spokoju. Cieszę się, wiedząc, że syn jest teraz wolny. A myślałam, że stało się z nim coś strasznego".

❖ ❖ ❖

Kiedy ci umiera ktoś drogi sercu, zamiast niemądrze go opłakiwać, uprzytomnij sobie, że z woli Boga odszedł on na wyższy plan istnienia oraz że Bóg wie, co jest dla niego najlepsze. Ciesz się, że jest wolny. Módl się, aby twoja miłość i życzliwość wspierały go w jego dalszej drodze. Tego rodzaju postawa jest o wiele bardziej pomocna. Oczywiście nie bylibyśmy ludźmi, gdybyśmy nie tęsknili za naszymi ukochanymi. Jednak, choć czujemy się opuszczeni, nie chcielibyśmy przecież, by nasze samolubne przywiązanie zatrzymywało ich na ziemi. Bezmierna boleść bliskich nie pozwala duszy zmarłego podążać naprzód ku większemu spokojowi i wolności.

❖ ❖ ❖

[Jest taki rodzaj smutku w obliczu czyjejś śmierci, który przystoi wyrażać tak, jak to zrobił Paramahansa Jogananda, odprawiając nabożeństwo ku pamięci Śri Gjanamaty, jednej ze swoich

pierwszych i głównych uczennic, którą z miłością i szacunkiem nazywał „siostrą"[8].]

Kiedy wczoraj wieczorem łzy popłynęły mi z oczu, ktoś powiedział, iż powinienem się cieszyć, że Siostra jest już wolna, że żyje w radości Ducha. Odrzekłem: „Dobrze wiem, jak bardzo jest szczęśliwa oraz że ten ostatni chwalebny rozdział jej żywota już się zamknął, a ból opuścił ciało [...]. Duchem jestem razem z nią, w Bogu. Teraz jednak płaczę łzami miłości, bo tutaj, po tej stronie, będę za nią tęsknić...".

To światło, tak promienne i pełne skromności, które było Siostrą, zgasło przede mną i roztopiło się w Wielkiej Światłości. Raduje mnie to, a zarazem smuci. I cieszę się, że jestem smutny, cieszę się, że była tu z nami, aby wzbudzić tak wiele miłości w naszych sercach.

❖ ❖ ❖

Kiedy chcesz posłać swoje myśli ukochanym, którzy już odeszli, usiądź w odosobnieniu i ciszy oraz medytuj o Bogu. Gdy poczujesz w sobie Jego spokój, skup się z całą mocą w ośrodku Chrystusowym[9], w centrum woli pomiędzy brwiami, i stamtąd wysyłaj miłość swym ukochanym, którzy odeszli. Wizualizuj w ośrodku Chrystusowym osobę, z którą pragniesz się skontaktować. Posyłaj tej duszy wibracje twojej miłości, siły i odwagi. Jeśli będziesz to robił wytrwale, a siła twojej tęsknoty za tą ukochaną osobą nie osłabnie, dusza ukochanego z pewnością odbierze twoje wibracje. Takie myśli dają twoim ukochanym poczucie

[8] Zob. s. 46.
[9] Zob. w Słowniczku.

dobrostanu, uczucie bycia kochanym. Nie zapomnieli ciebie, pamiętają o tobie tak samo, jak ty o nich.

❖ ❖ ❖

Posyłaj ukochanym myśli pełne miłości i życzliwości tak często, jak zapragniesz, a przynajmniej raz w roku, na przykład w dniu jakiejś szczególnej rocznicy. Powiedz im w duchu: „Kiedyś znów się spotkamy, będziemy nadal rozwijać naszą niebiańską miłość i przyjaźń". Jeżeli będziesz nieustająco słał im myśli miłości teraz, kiedyś na pewno się z nimi spotkasz. Zrozumiesz, że to życie nie jest początkiem i końcem wszystkiego, ale tylko pojedynczym ogniwem w wiekuistym łańcuchu więzi z umiłowanymi.

AFIRMACJE

O Boska Matko! Czy unoszę się na powierzchni obecnego życia, czy też zanurzam się pod falami śmierci, spoczywam na łonie oceanu Twego chroniącego mnie, wszechobecnego wiecznego życia; trzymasz mnie w Swoich nieśmiertelnych ramionach.

❖ ❖ ❖

Od gwiazdy do gwiazdy będę mknął, czy po tej stronie wieczności, czy po drugiej stronie wieczności, czy też unosząc się na falach życia, od atomu do atomu – latając razem ze światłami, wirując z gwiazdami lub tańcząc z ludzkimi żywotami! Jestem nieśmiertelny! Wyzwoliłem się ze świadomości śmierci.

❖ ❖ ❖

Wieczne życie Boga płynie przeze mnie. Jestem nieśmiertelny. Pod falą mego umysłu leży ocean Świadomości Kosmicznej.

ROZDZIAŁ 14

Jak używać myśli o nieśmiertelności do obudzenia prawdziwego Siebie

Paramahansa Jogananda napisał:

„Jeśli dostroisz się do myśli Boga i młotkiem słusznych myśli o Prawdzie wbijesz gwóźdź w ułudę, możesz ją pokonać. Zniszcz wszystkie myśli o śmierci, zamieniając je na myśl o nieśmiertelności".

W niniejszej kompilacji z jego pogadanek i pism podkreślone są afirmacje i postrzeżenia duszy – „myśli o nieśmiertelności" – których możesz używać, aby zyskać większą świadomość Wiecznej, Szczęśliwej Rzeczywistości w sobie i przenikającej całe stworzenie.

Dniem i nocą afirmuj, czym naprawdę jesteś

Nieustannie powtarzaj sobie tę prawdę:

„Jestem Niezmienny. Nie jestem biednym śmiertelnikiem, mającym kości, które się łamią, i ciało, które zniszczeje. Jestem nieśmiertelną, niezmienną Nieskończonością".

❖ ❖ ❖

Gdyby pijany książę udał się do dzielnicy slumsów, całkowicie nie pamiętając, kim jest, i zaczął lamentować: „Jakimż jestem biedakiem!", to jego przyjaciele śmialiby się z niego i mówili: „Oprzytomnij i przypomnij sobie, że jesteś księciem". Podobnie i wy doznajecie halucynacji, myśląc, że jesteście bezradnymi śmiertelnikami, zmagającymi się [z życiem] i nieszczęśliwymi. Codziennie powinniście posiedzieć spokojnie i afirmować z głębokim przekonaniem:

„Narodzin, śmierci ani kasty nie mam; ojca, matki
nie mam. Błogosławionym Duchem – Nim jestem.
Nieskończonym Szczęściem jestem".

Jeśli ciągle będziecie powtarzać te myśli, w dzień i w nocy, to w końcu poznacie, kim naprawdę jesteście: nieśmiertelną duszą.

Odrzuć wszystkie ograniczające myśli, które ukrywają
prawdziwego Ciebie

Czy to nie dziwne, że nie wiesz, kim jesteś? Że nie znasz prawdziwego Siebie? Ograniczasz siebie, nadając ciału i rolom w życiu tyle różnych nazw. [...] Uwolnij duszę z tych nazw.

„Myślę, ale nie jestem myślą. Czuję, ale nie jestem uczuciem. Używam woli, ale nie jestem wolą".

Co wtedy pozostaje? Ten ty, który wie, że istniejesz – dzięki dowodowi danemu przez intuicję, bezwarunkowej wiedzy duszy o własnym istnieniu.

❖ ❖ ❖

Przez cały dzień ciągle działasz poprzez ciało i w ten sposób się z nim utożsamiasz. Każdej nocy, jednak, Bóg uwalnia cię z więzienia tej iluzji. Czy zeszłej nocy w głębokim śnie bez marzeń sennych byłeś kobietą albo mężczyzną, Amerykaninem albo Hindusem, bogaczem albo biedakiem? Nie. Byłeś czystym Duchem [...]. Podczas częściowej nadświadomej wolności głębokiego snu Bóg zabiera ci wszystkie twoje ziemskie nazwy i sprawia, że czujesz, iż jesteś poza ciałem i wszystkimi jego ograniczeniami – jesteś czystą świadomością spoczywającą w przestrzeni. Ten ogrom to prawdziwa Jaźń.

❖ ❖ ❖

Każdego ranka, gdy się budzisz, przypominaj sobie o następującej prawdzie:

„Wynurzam się właśnie z miejsca wewnętrznego postrzegania Siebie. Nie jestem ciałem. Jestem niewidzialny. Jestem Radością. Jestem Światłem. Jestem Mądrością. Jestem Miłością. Zamieszkuję ciało-sen, poprzez które śnię to ziemskie życie, ale zawsze jestem wiecznym Duchem".

Poznaj Siebie jako nieoddzielnego od Boga

Najwyższą mądrością jest urzeczywistnienie Jaźni – poznanie Siebie, duszy, jako wiekuiście nieoddzielnej od Boga [...]. Jedno Jestestwo jest w najgłębszym jądrze wszystkiego, co istnieje. „O Ardźuno! Ja jestem Jaźnią w sercach wszystkich stworzeń: Jestem ich Początkiem, Życiem i Kresem".

❖ ❖ ❖

Wszyscy wielcy nauczyciele oświadczają, że w [tym] ciele znajduje się nieśmiertelna dusza, iskra Tego, który podtrzymuje wszystko. Ten, kto zna swoją duszę, zna następującą prawdę:

> *„Jestem ponad wszystkim, co skończone. [...] Jestem gwiazdami, jestem falami, jestem Życiem wszystkiego; jestem śmiechem we wszystkich sercach, jestem uśmiechem na twarzyczkach kwiatów i w każdej duszy. Jestem Mądrością i Mocą, która podtrzymuje całe stworzenie".*

Myśl, afirmuj, urzeczywistniaj swoją boską naturę

Zniszcz odwieczną błędną myśl, że jesteśmy słabymi istotami ludzkimi. Musimy codziennie myśleć, medytować, afirmować, wierzyć i urzeczywistniać to, że jesteśmy synami Bożymi.

❖ ❖ ❖

Może powiesz: „To tylko myśl". Ale czym jest myśl? Wszystko, co widzisz, jest skutkiem idei. [...] Niewidzialna myśl nadaje [realny] byt wszystkim rzeczom. Zatem, jeśli potrafisz kontrolować swoje procesy myślowe, możesz każdą rzecz uczynić widoczną; możesz ją zmaterializować mocą koncentracji [...].

Ucząc się kontrolować myśli i interioryzować umysł za pomocą naukowych technik medytacyjnych, otrzymanych od guru, stopniowo rozwiniesz się duchowo: twoje medytacje będą się pogłębiać i niewidzialne ja, dusza-obraz Boga w tobie, stanie się dla ciebie rzeczywiste.

❖ ❖ ❖

Pozbądź się myśli, które chcesz zniszczyć, zamieniając je na myśli konstruktywne. To klucz do nieba; jest on w twoich rękach. [...].

Jesteśmy tym, czym *myślimy*, że jesteśmy [...]. Zmień swoją świadomość śmiertelnika w świadomość istoty boskiej.

❖ ❖ ❖

„Jestem nieskończony. Jestem bezkresny. Jestem ponadczasowy. Jestem ponad ciałem, myślą i wyrażeniem; ponad całą materią i umysłem. Jestem nieskończoną szczęśliwością".

Stale wpajaj w umysł Boską Prawdę

Unikaj podsuwania umysłowi jakichkolwiek myśli o ludzkich ograniczeniach: o chorobie, starości, śmierci. Zamiast tego stale wpajaj w umysł następującą prawdę:

„Jestem Nieskończonością, która stała się ciałem. Ciało jako przejawienie Ducha jest zawsze doskonałym, zawsze młodym Duchem".

❖ ❖ ❖

Nie pozwól, aby ograniczały cię myśli o słabości lub starości. Kto ci powiedział, że jesteś stary? Nie jesteś stary. Ty, dusza, jesteś wiecznie młody. Wpajaj następującą myśl w swoją świadomość:

„Jestem duszą, odbiciem wiecznie młodego Ducha. Kipię młodością, ambicją, siłą do osiągnięcia sukcesu".

❖ ❖ ❖

Dostrój się do Kosmicznej Mocy i obojętne, czy pracujesz w fabryce, czy obracasz się w świecie ludzi biznesu, zawsze afirmuj:

> *„Jest we mnie Nieskończona Moc Twórcza. Nie pójdę do grobu, nie pozostawiwszy za sobą jakichś osiągnięć. Jestem Bogiem-człowiekiem, istotą rozumną. Jestem mocą Ducha, dynamicznym Źródłem mojej duszy. Stworzę rewelacyjne rzeczy w świecie biznesu, w świecie myśli, w świecie mądrości. Ja i Ojciec jesteśmy Jednym. Potrafię stworzyć wszystko, czego zapragnę, tak jak mój twórczy Ojciec".*

❖ ❖ ❖

Lekcje SRF uczą, jak wchodzić w kontakt z Kosmicznym Życiem [...] oceanem kosmicznej energii Boga. Najlepszą metodą jest czerpać tę energię bezpośrednio z wewnętrznego źródła, a nie przy pomocy sztucznych bodźców, takich jak leki, emocje, itp. Wtedy możesz powiedzieć:

> *„Skryty w ciele płynie potężny prąd. Zapomniałem o nim, ale teraz, przebijając się kilofem Samourzeczywistnienia ponownie odkryłem tę siłę życiową. Nie jestem ciałem. Jestem ładunkiem boskiej elektryczności, która przenika ciało".*

Trudne doświadczenia nie mogą zaszkodzić duszy

Wiedz, że jesteś nieśmiertelny – nie jesteś tu po to, aby

przygniotły cię ziemskie *lekcje, lecz aby się uczyć i przejawiać swoją nieśmiertelność i uśmiech. Mów:*

> *„Jestem nieśmiertelny, posłano mnie do ziemskiej szkoły, abym się uczył i odzyskał nieśmiertelność. Chociaż wszystkie oczyszczające ognie ziemi stawiają mi wyzwania, jestem duszą i nie sposób mnie zniszczyć. Ogień nie może mnie spalić; woda nie może mnie zmoczyć; wiatr nie może mnie wysuszyć; energia atomowa nie może mnie zgładzić. Jestem istotą nieśmiertelną, śniącą lekcje nieśmiertelności – nie po to, aby dać się przygniatać, lecz aby doświadczać życia z przyjemnością".*

❖ ❖ ❖

W ciągu licznych inkarnacji odgrywałeś wiele ról. Wszystkie je jednak dano ci po to, aby cię zabawić – nie aby cię przerazić. Twojej nieśmiertelnej duszy nie można zranić. W kinie życia możesz płakać, śmiać się, odgrywać wiele ról, ale wewnątrz powinieneś stale sobie powtarzać: „Jestem Duchem". Poznanie tej mądrości przynosi wielkie pocieszenie.

❖ ❖ ❖

> *„Jestem szczęśliwym dzieckiem słodkiej Nieśmiertelności, przysłanym tutaj, aby odgrywać dramat narodzin i śmierci, lecz zawsze pamiętającym o swoim nieśmiertelnym Ja".*

> *„Ocean Ducha stał się maleńkim bąbelkiem mojej duszy. Czy unoszący się w narodzinach, czy znikający w śmierci, w oceanie kosmicznej świadomości, bąbelek mojego życia*

*nie może umrzeć. Jestem niezniszczalną świadomością,
chronioną w łonie nieśmiertelności Ducha".*

Nie lękaj się niczego, albowiem jesteś dzieckiem Boga

Gdy zamykasz oczy w medytacji, widzisz bezmiar swojej świadomości – widzisz, że jesteś w centrum wieczności. Skoncentruj się tam. Znajdź trochę czasu rano i wieczorem tylko po to, aby zamknąć oczy i powiedzieć:

*„Jestem Nieskończonym. Jestem Jego dzieckiem. Fala jest
wybrzuszeniem oceanu; moja świadomość jest wybrzuszeniem wielkiej Świadomości Kosmicznej. Nie lękam się
niczego. Jestem Duchem".*

❖ ❖ ❖

Zawsze trzymaj się świadomości obecności Boga we wszystkim. Bądź niewzruszony i mów:

*„Jestem nieustraszony; jestem uczyniony z substancji Boga.
Jestem iskrą Ognia Ducha. Jestem atomem Kosmicznego
Płomienia. Jestem komórką w ogromnym kosmicznym
ciele Ojca. «Ja i mój Ojciec Jedno jesteśmy»".*

❖ ❖ ❖

Bądź nieustraszony, utrzymując świadomość:

„W życiu i śmierci zawsze żyję w Bogu".

Dzień po dniu świadomość ta będzie oddziaływać na ciebie,

gdy będziesz praktykował techniki. Kiedy w medytacji wchodzisz w głęboką wewnętrzną ciszę, uwalniasz się z więzów ciała. Jakie znaczenie ma wtedy dla ciebie śmierć? Gdzie miejsce na lęk? Nic nie ma mocy cię przestraszyć. Taki właśnie stan chcesz osiągnąć. Skoncentruj się na *Aum*, stop się z *Aum* w głębokiej medytacji. Dzięki uświadomieniu sobie immanencji Boga w Kosmicznej Wibracji, „przybędziesz do Ojca" – Szczęśliwej Świadomości nieskończonego, transcendentnego Absolutu. Powiesz:

> *„Ja i mój Bóg-Szczęśliwość Jedno jesteśmy. Mam wszystko w tym wszechświecie. Śmierć, choroba, koniec świata, pożar, nic nie odbierze mi tej Szczęśliwości!".*

Jesteś Duchem: afirmuj swoje cechy duchowe

Staraj się pamiętać o wszystkich pięknych i pozytywnych cechach twojego życia i koncentrować się na nich, i nie afirmuj swoich słabości.

❖ ❖ ❖

Aspirujący jogin, kiedy czuje złość, powinien zawsze pamiętać: „Ja nią nie jestem!". Gdy żądza lub chciwość burzą jego samoopanowanie, powinien mówić sobie: „Ja nimi nie jestem!". Gdy nienawiść stara się przesłonić jego prawdziwą naturę maską niedobrej emocji, powinien zdecydowanie się od niej oddzielić: „Ja nie jestem nią!". Uczy się on zamykać drzwi swojej świadomości przed wszystkimi niepożądanymi gośćmi, którzy chcą się w niej ulokować. Natomiast za każdym razem, gdy uczeń został wykorzystany lub źle potraktowany przez innych, a pomimo to czuje w sobie poruszenie świętego ducha przebaczenia i miłości, może wtedy afirmować z przekonaniem: *„To* ja! To moja prawdziwa natura".

Medytacja jogiczna to proces kształtowania i stabilizowania świadomości własnej prawdziwej natury praktykującego przy użyciu określonych metod duchowych i psychofizycznych oraz praw, dzięki którym ograniczone ego, wadliwa dziedziczna świadomość ludzka, zostaje zastąpione przez świadomość duszy.

❖ ❖ ❖

Kochani, nie pozwólcie, aby ktokolwiek nazywał was grzesznikami. Jesteście synami Boga, albowiem uczynił On was na swoje podobieństwo. [...] Powtarzajcie sobie:

„Choćby moje grzechy były ogromne jak ocean i sięgały gwiazd, pozostaję niezwyciężony, ponieważ jestem samym Duchem".

Jesteś światłem, jesteś radością

Ciemność może panować w jaskini przez tysiące lat, ale wystarczy wnieść do niej światło, a ciemność zniknie, jak gdyby jej nigdy nie było. Podobnie, obojętnie jakie masz wady, pozbędziesz się ich, gdy tylko wniesiesz światło dobroci. Tak wielkie jest światło duszy, że inkarnacje zła nie mogą go zniszczyć. Ale samostworzona tymczasowa ciemność zła czyni duszę nieszczęśliwą, ponieważ cierpisz w tej ciemności. Możesz ją odegnać, otwierając swoje duchowe oko w głębokiej medytacji, napełniając świadomość ujawniającym wszystko boskim światłem.

Nikt poza tobą samym nie może cię zbawić. Jesteś swoim własnym zbawicielem z chwilą, gdy uświadamiasz sobie:

„Jestem samym Światłem. Ciemność nigdy nie była przeznaczona dla mnie; nigdy nie zdoła ona zakryć światła mojej duszy".

❖ ❖ ❖

Zapomnij o koszmarze obecnych ograniczeń. Przed snem i po obudzeniu się o świcie afirmuj:

„Jestem synem Boga, tak samo jak Jezus i Mistrzowie.
Nie będę się przed Nim ukrywał za zasłoną niewiedzy.
Będę błyszczał mądrością, abym mógł w pełni przyjąć
Jego doskonałe światło dzięki mojej stale zwiększającej się
duchowej przezroczystości. Przyjmując Jego pełne światło,
poznam, że jestem synem Bożym, którym zawsze byłem,
będąc uczynionym na Jego obraz".

❖ ❖ ❖

„Jestem dzieckiem Boga na zawsze. Mam większą moc
niż potrzeba mi na pokonanie wszystkich trudności.
Wszelkie zło, jakie uczyniłem w przeszłości, mogę teraz
naprawić dobrymi czynami i dzięki medytacji. Zniszczę
je. Jestem nieśmiertelny na zawsze".

Medytuj codziennie wieczorem, aż przegnasz wszystkie swoje ziemskie myśli i pragnienia [...]. Odsuń na bok wszelkie niespokojne myśli i uczucia, i usiądź w świątyni duszy, z której ogromna miłość Boga rozszerza się i zalewa cały świat, a ty pojmujesz, że nie ma nic poza Tym. Wtedy powiesz:

„Jestem jednym z wiecznym światłem Boga, wieczną radością Chrystusa. Przetaczają się przeze mnie wszystkie fale stworzenia. Rozpuściłem falę swego ciała w oceanie Ducha. Jestem oceanem Ducha. Już nie jestem ciałem. Duch mój śpi w kamieniach. Śnię w kwiatach i śpiewam w ptakach. Myślę w człowieku, a w człowieku urzeczywistnionym wiem, że jestem".

W tym stanie wiesz, że nie zdoła cię spalić ogień; że ziemia, trawa i niebo są twoimi krewnymi. Wtedy jak duch chodzisz po ziemi, nie lękając się już burzliwych fal stworzenia.

Jesteś miłością

„Mój Ojciec Niebieski jest miłością, a ja zostałem stworzony na jego podobieństwo. Jestem kosmosem miłości, w którym migocą wszystkie planety, wszystkie gwiazdy, wszystkie istoty, całe stworzenie. Jestem miłością przenikającą cały wszechświat".

❖ ❖ ❖

Kiedy doświadczysz tej boskiej miłości, nie będziesz widział różnicy między kwiatem a zwierzęciem, między jednym człowiekiem a drugim. Będziesz obcował z całą przyrodą i kochał tak samo wszystkich ludzi. Patrząc tylko na jedną rasę – dzieci Boga, twoich braci i siostry w Nim – powiesz sobie:

*„Bóg jest moim Ojcem. Jestem częścią Jego ogromnej ro-
dziny istot ludzkich. Kocham ich, bo wszyscy są moimi
bliskimi. Kocham także mojego brata słońce i moją siostrę
księżyc, i wszystkie stworzenia, które stworzył mój Ojciec
i w których płynie Jego życie".*

*„Zapraszam wszystkie rasy – oliwkową, białą, czarną,
żółtą i czerwoną – do ich domu w moim sercu, aby
zamieszkały ze mną jako moi bracia, zrodzeni z gliny
ziemi z tych samych rodziców, Adama i Ewy, i zrodzeni
z Ducha Boga Ojca.*

*Obejmuję uściskiem ziemię, wodę, ogień, powietrze, eter
– [jako] moich krewnych – jedno wspólne życie płynące
w moich żyłach w każdej żyjącej postaci. Biorę w objęcia
wszystkie zwierzęta, rośliny, ukochane atomy i energie
w świątyni mego życia; albowiem jestem Miłością, jestem
życiem samym."*

„Ty jesteś Tym"

Dźniana, czyli prawdziwa wiedza, to uświadomienie sobie
przez duszę: *Aham Brahmasmi* (Jestem Brahmanem) lub *Tat tvam
asi* (Ty jesteś Tym)". I kiedy siedzisz wyprostowany w postawie
medytacyjnej, i kierujesz prąd prany do *kutasthy* (miejsca między
brwiami), to jest prawdziwa *tapasja*, duchowa asceza czy też praktyka, dzięki której opanowujesz boską moc w sobie.

❖ ❖ ❖

Kiedy wznosisz się ponad świadomość tego świata, wiedząc,

że nie jesteś ciałem ani umysłem, a przy tym jesteś świadomy jak nigdy przedtem, że istniejesz – to ta boska świadomość jest tym, kim jesteś. Jesteś Tym, w którym ma korzenie wszystko we wszechświecie.

❖ ❖ ❖

Rozbij ramy ograniczeń, które oddzielają twoją duszę od Ducha.

„Czy jestem oceanem? Jest za mały,
Ze snu utworzona kropla rosy na lazurowych źdźbłach
przestrzeni.
Czy jestem niebem? Jest za małe,
Jezioro na łonie wieczności.
Czy jestem wiecznością? Jest za mała,
Wtłoczona w nazwę.
W bezkresnej krainie bezimienności uwielbiam
przebywać,
Poza granicami snów, nazw, koncepcji.
Jestem tym, który jestem zawsze –
W zawsze obecnej przeszłości,
W zawsze obecnej przyszłości,
W zawsze obecnym teraz".

Rozdział 15

Cel ostateczny

Ludzkość od zawsze poszukuje "czegoś więcej", co – jak ma nadzieję – przyniesie jej pełnię szczęścia po wsze czasy. Dla tych dusz, które znalazły Boga, poszukiwanie się skończyło: Bóg jest tym *Czymś Więcej*.

❖ ❖ ❖

Wielu być może wątpi, czy znalezienie Boga jest celem życia, każdy jednak się zgodzi, że jest nim znalezienie szczęścia. Ja twierdzę, że to Bóg jest Szczęściem. Błogą szczęśliwością. Miłością. Radością, która nigdy nie opuści duszy. Czemu więc ty nie miałbyś spróbować zdobyć tego Szczęścia? Nie może ci go dać nikt inny. Musisz sam stale je pielęgnować.

❖ ❖ ❖

Nawet jeżeli życie ofiarowało ci kiedyś wszystko, czego pragnąłeś – bogactwo, władzę, przyjaciół – po pewnym czasie znów będziesz niezadowolony i zapragniesz czegoś więcej. Istnieje jednak coś, co nigdy nie straci dla ciebie świeżości – radość sama w sobie. Szczęście tak zachwycająco różnorodne, choć w swej istocie niezmienne, to doznanie wewnętrzne, którego wszyscy poszukują. Trwałą, wciąż nową radością jest Bóg. Odnalazłszy taką Radość w sobie, odkryjesz ją też wszędzie poza sobą. Z Boga będziesz czerpał jak z rezerwuaru nieprzemijającej, niewyczerpanej błogości.

❖ ❖ ❖

Wyobraź sobie, że właśnie wtedy, gdy rozpaczliwie potrzebujesz spoczynku, za karę nie pozwalają ci zasnąć. Aż tu nagle ktoś mówi: „No dobrze, możesz iść spać". Pomyśl tylko, jak wielką odczujesz radość tuż przed zapadnięciem w sen. Pomnóż ją milion razy! A to wciąż jeszcze nie opisałoby radości odczuwanej w komunii z Bogiem.

❖ ❖ ❖

Radość boska jest bezgraniczna, nieustająca, wciąż nowa. Kiedy się zatapiasz w tej świadomości, wtedy ciało, umysł czy cokolwiek innego nie może ci jej zmącić – tak wielka jest łaska i chwała Pana. A On wyjaśni ci wszystko, czego nie zrozumiesz, wszystko, co chcesz wiedzieć.

❖ ❖ ❖

Kiedy siedzisz w ciszy głębokiej medytacji, z głębi ciebie wypływa kipiąca radość, której nie wyzwala żaden bodziec zewnętrzny. Radość medytowania jest bezgraniczna. Ten, kto nigdy się nie pogrążył w ciszy prawdziwej medytacji, nie ma pojęcia, czym jest prawdziwa radość.

❖ ❖ ❖

Radość Boga zaczynasz odczuwać, w miarę jak umysłem

i czuciem kierujesz się w głąb siebie. Rozkosze zmysłowe przemijają, ale radość Boga trwa wiecznie. Jest niezrównana!

Znajdź w życiu czas dla Boga

Wszystko ma swoje miejsce, ale nie dzieje się dobrze, kiedy ktoś trwoni czas kosztem swego prawdziwego szczęścia. Ja zarzuciłem wszystkie zbyteczne czynności, aby móc medytować i starać się poznać Boga, po to, abym mógł dzień i noc trwać w Jego boskiej świadomości.

❖ ❖ ❖

Niewielu z nas wie, jak wiele możemy osiągnąć w życiu, jeśli się je wykorzystuje w sposób właściwy, mądry i ekonomiczny. Oszczędnie gospodarujmy czasem – całe żywoty mijają, zanim się przebudzimy; dlatego nie zdajemy sobie sprawy z wartości nieskończonego czasu, którego Bóg nam użyczył.

❖ ❖ ❖

Nie trać czasu na próżnowanie. Bardzo wielu ludzi zajmuje się błahostkami. Zapytaj kogokolwiek z nich, co robił, a zwykle odpowie: „Och, nie miałem ani jednej wolnej chwili!". Tylko że nie bardzo może sobie przypomnieć, czym był taki zajęty!

❖ ❖ ❖

Być może przyjdzie ci zejść z tego świata w mgnieniu oka i będziesz musiał odwołać wszystkie swoje zobowiązania. Dlaczego więc dawać pierwszeństwo jakiejkolwiek czynności, jeśli wykonywanie jej pozbawi cię czasu dla Boga? Wszak przeczy to zdrowemu rozsądkowi. Dzieje się tak za sprawą *maji*, ułudy kosmicznej, która zarzuca na nas swą sieć, tak że wikłamy się w sprawy przyziemne, zapominając o Panu.

❖ ❖ ❖

Największym ludzkim złudzeniem jest przekonanie, że wszystkie drobne pragnienia i obowiązki należy spełniać w pierwszej kolejności. Dobrze pamiętam, jak to było, kiedy jako początkujący uczeń terminowałem u swamiego Śri Jukteświaradźi i dzień w dzień obiecywałem sobie: „Jutro pomedytuję dłużej". Upłynął cały rok, zanim sobie uświadomiłem, że wciąż to odkładam. Natychmiast powziąłem postanowienie, że z samego rana umyję się i zasiądę do dłuższej medytacji. Jednakże nawet i wtedy zaraz po obudzeniu wpadałem w pułapkę codziennych czynności i obowiązków. W rezultacie postanowiłem medytować najpierw. Była to dla mnie wielka nauka – zrozumiałem, że na pierwszym miejscu stoi obowiązek wobec Boga, a dopiero potem można się zająć sprawami mniej istotnymi.

❖ ❖ ❖

Ważne, by umieć odróżniać potrzeby od zachcianek. Potrzeb masz tylko kilka, za to zachcianek bez końca. Aby znaleźć wolność i Szczęśliwość, dbaj jedynie o swoje potrzeby. Zaniechaj nieustannego pomnażania zachcianek, nie uganiaj się za błędnym ognikiem fałszywego szczęścia.

❖ ❖ ❖

„Jaka modlitwa jest najlepsza?", zapytał jeden z uczniów. Paramahansa Jogananda odrzekł:

„Powiedz Panu: «Proszę, wyjaw mi swoją wolę». Nie mów Mu: «Pragnę tego, pragnę tamtego», ale ufaj, że wie On, czego ci trzeba. Przekonasz się, że kiedy Jemu pozwolisz wybrać, dostaniesz coś znacznie cenniejszego".

❖ ❖ ❖

Nie miej do Boga żalu, kiedy nie uda ci się uzyskać jakiejś materialnej zabaweczki, która cię zauroczyła. Czasami dobrze jest nie dostać przedmiotu swoich pragnień. Gdy Ojciec Niebieski widzi, jak Jego impulsywne dzieci pragną się rzucić w płomienie złych lub niepohamowanych pragnień, zwabione ich blaskiem, stara się On ochronić je przed poparzeniem.

Bóg powiada: „Gdy moim dzieciom się wydaje, że pozostawiam ich modlitwy bez odpowiedzi, nie wiedzą, że doprawdy odpowiadam – tyle że inaczej, niż tego ode Mnie oczekują. Dopóki nie osiągną doskonałości, nie zawsze odpowiadam tak, jak by tego pragnęły. Jedynie pragnienia doskonałych są zawsze podyktowane mądrością".

Nic to złego zwierzać się Panu, że się czegoś pragnie, okażesz jednak większą wiarę, mówiąc Mu po prostu: „Ojcze Niebiański, wiem, że uprzedzasz każdą moją potrzebę. Wspieraj mnie wedle Twojej woli".

Ten, kto gorąco pragnie mieć samochód i modli się o to dostatecznie żarliwie, dostanie go. Posiadanie samochodu może jednak nie być dla niego dobre. Zdarza się, że Pan nie spełnia naszych błahych modlitw, ponieważ zamierza nas obdarzyć czymś lepszym. Ufaj Bogu bardziej. Wierz, że ten, który cię stworzył, cię wesprze.

❖ ❖ ❖

Bóg udowodnił mi, że kiedy On jest ze mną, wszystkie "potrzeby życiowe" stają się niepotrzebne. Człowiek mający tę świadomość, staje się zdrowszy od innych, radośniejszy i bogatszy pod każdym względem. Nie goń za błahostkami; odciągną cię one od Boga. Zacznij od razu eksperyment: uprość swoje życie i bądź królem.

❖ ❖ ❖

Na zwykłego człowieka wpływa otoczenie doczesnego świata. Człowiek skoncentrowany sam kształtuje swoje życie. Planuje cały dzień i pod wieczór stwierdza, że zrealizował swoje plany; że zbliżył się do Boga i swojego celu. Człowiek słaby snuje plany wielu cudownych przedsięwzięć, ale pod koniec dnia okazuje się, że padł ofiarą okoliczności i własnych złych nawyków. Osoba tego rodzaju zazwyczaj obwinia wszystkich, tylko nie siebie.

Pamiętaj, że za swoje kłopoty możesz winić wyłącznie siebie. Jeżeli sobie postanowisz, że zapanujesz nad swoimi okolicznościami zgodnie z prawem, wtedy one same się odpowiednio ułożą. Musisz się w końcu nauczyć prowadzić życie, nad którym panujesz.

❖ ❖ ❖

Jesteś panem chwil swego życia.

❖ ❖ ❖

A może powiesz sobie tak: „Dzisiaj już na pewno znajdę czas na medytację". I *zrób* to, posiedź przynajmniej kilka minut. Nazajutrz postanów sobie wytrwać w medytacji nieco dłużej. I kolejnego dnia wbrew wszelkim przeszkodom zmobilizuj się do jeszcze dłuższej sesji.

❖ ❖ ❖

Nie dotrzesz do Boga, dopóki świadomie nie poczujesz, że jest On dla ciebie sprawą absolutnej wagi. Nie pozwól się oszukać życiu. Wyrób sobie dobre nawyki, nawyki sprzyjające szczęściu. Spożywaj proste pokarmy, ćwicz ciało i medytuj codziennie, bez względu na wszystko, w każdych warunkach. Jeśli nie uda ci się poćwiczyć ani pomedytować rankiem, zrób to wieczorem. Codziennie wznoś modlitwę: „Panie, choćbym miał umrzeć, choćby cały świat rozsypał się w drobny mak, każdego dnia znajdę czas, żeby z Tobą pobyć".

❖ ❖ ❖

Ważniejsze od lat są minuty. Jeżeli minut swego życia nie wypełniasz myślami o Bogu, przemkną całe lata i gdy będziesz Go najbardziej potrzebował, może się okazać, że nie zdołasz już poczuć Jego obecności. Jeżeli jednak wypełnisz minuty swego życia boskimi aspiracjami, automatycznie przesycą one lata.

Praktykowanie obecności Boga

Z nieustannego myślenia o Bogu rodzi się radość. Tęsknota za Nim powinna ci towarzyszyć stale. Przychodzi czas, gdy umysł przestaje się błąkać, gdy nawet największa udręka ciała, umysłu lub duszy nie zdoła oddzielić twej świadomości od żywej obecności Boga. Czy to nie cudowne żyć, myśleć i czuć Go cały czas? Zamieszkać w zamku Jego obecności, skąd nie może cię zabrać ani śmierć, ani nic innego?

❖ ❖ ❖

Tuż za zasłoną słów, tuż za ekranem myśli, tuż za falą miłości w sercu, tuż za parawanem woli, tuż za kurtyną poczucia „ja" żyje wielki Duch Boga. Dla tych, co myślą, że jest On daleko, pozostaje odległy, ale gdy myślisz, że jest blisko, to jest blisko, zawsze. W *Bhagawadgicie* napisano: „Ten, kto dostrzega Mnie wszędzie, kto widzi, że wszystko trwa we Mnie zanurzone, ten nigdy nie traci Mnie z oczu, Ja zaś nigdy nie tracę z oczu jego"[1]. Pan nigdy nas nie zawodzi.

❖ ❖ ❖

Mówi się, że Bóg jest dla nas niewidzialny, w rzeczywistości widzimy Go jednak w tym ogromnym przejawionym wszechświecie. Bóg jest wszystkim – nie tylko jedną rzeczą.

❖ ❖ ❖

Spoglądając na świat przejawiony, który się wydaje taki solidny i rzeczywisty, zawsze pamiętaj, by go uważać za myśl Boga skrystalizowaną w formy fizyczne. Każdego dnia, pomaleńku, możesz przyzwyczajać umysł do tej myśli. Ilekroć widzisz piękny zachód słońca, pomyśl sobie: „To Bóg maluje na niebie". Zaglądając w twarze napotykanych ludzi, pomyśl sobie: „To Bóg

[1] *Bhagawadgita* VI:30.

przyjął tę postać". Ten sam kierunek myślenia nadaj wszelkim postrzeganym zjawiskom: „Krew w moim ciele to Bóg; rozum w moim umyśle to Bóg; miłość w moim sercu to Bóg. Wszystko, co istnieje, jest Bogiem".

❖ ❖ ❖

Joga jest sztuką robienia wszystkiego ze świadomością obecności Boga. Wszelkie myśli powinno się zakotwiczać w Bogu – nie tylko podczas medytacji, ale i w trakcie pracy. Kiedy pracujesz ze świadomością, że robisz to, aby Mu sprawić radość, to takie działanie cię z Nim jednoczy. Dlatego nie wyobrażaj sobie, że Boga można znaleźć tylko w medytacji. *Bhagavadgita* naucza, że nieodzowna jest zarówno medytacja, jak i właściwe działanie. Myśląc o Bogu podczas wykonywania doczesnych obowiązków w tym świecie, psychicznie się z nim jednoczysz.

❖ ❖ ❖

Praca dla Boga, a nie dla siebie, jest równoważna medytacji. Taka praca udoskonala medytację, a medytacja polepsza jakość pracy. Potrzebna jest równowaga. Jeśli tylko medytujesz, stajesz się leniwy. Jeśli tylko działasz, to umysł wypełnia się wyłącznie treściami tego świata, a ty zapominasz o Bogu.

❖ ❖ ❖

Praca dla Boga staje się przeżyciem bardzo osobistym, niewypowiedzianie uszczęśliwiającym.

❖ ❖ ❖

Cel ostateczny

Bóg przychodzi do ciebie właśnie wówczas, gdy każdą czynność wykonujesz wytrwale, bezinteresownie, z natchnienia myśli przepojonych miłością Boga. Wtedy uświadamiasz sobie, że jesteś Oceanem Życia, który stał się maleńką falą każdego życia. W taki to sposób poznaje się Pana za pośrednictwem działania. Kiedy, biorąc się do jakiejkolwiek czynności, myślisz o Bogu, zanim do niej przystąpisz, podczas jej wykonywania oraz po jej skończeniu, Bóg ci się objawi. Musisz działać, pozwól jednak, aby to Bóg przez ciebie działał – oto co w oddaniu najcudowniejsze! Jeżeli cały czas myślisz, że Bóg chodzi twoimi stopami, pracuje twymi rękoma, wszystkiego dokonuje poprzez twoją wolę, to Go poznasz.

❖ ❖ ❖

Cokolwiek robisz w danej chwili, zawsze możesz w myślach szeptać Bogu o swojej miłości, aż w końcu świadomie odbierzesz Jego odpowiedź. W szalonym pędzie obecnego życia jest to najlepszy sposób, aby się z Nim kontaktować.

❖ ❖ ❖

Nawyk szeptania do Boga w myślach ogromnie wesprze twój rozwój. Zaobserwujesz w sobie zmiany, które ci się bardzo spodobają. O Bogu powinieneś pamiętać stale, nieprzerwanie, cokolwiek właśnie robisz. Kiedy chcesz obejrzeć jakieś wyjątkowe przedstawienie, kupić podziwianą suknię albo samochód, to czyż nie jest tak, że robiąc rozmaite rzeczy, bez przerwy myślisz, jak zdobyć ów przedmiot pożądania? Dopóki nie spełnisz swoich silnych pragnień, umysł nie spocznie; nieustannie pracuje on nad spełnieniem tych twoich pragnień. W ten sam sposób dzień i noc umysł powinien być pochłonięty Bogiem. Przemień błahe pragnienia w jedno wielkie pragnienie Boga. Umysł powinien cały czas szeptać: „Nocą i dniem, nocą i dniem, szukam Ciebie nocą i dniem"[2].

❖ ❖ ❖

Oto filozofia życia, którą powinniśmy się kierować. Nie od jutra, ale od dziś, już od tej chwili. Nie może być żadnej wymówki od niemyślenia o Bogu. W tle twego umysł dniem i nocą powtarzaj: „Boże! Boże! Boże!", zamiast myśleć o pieniądzach, o seksie lub sławie. Czy to zmywając naczynia, kopiąc rów, czy pracując w biurze bądź w ogrodzie, cały czas wewnętrznie nalegaj: „Panie, objaw mi się! Jesteś tutaj. Jesteś w słońcu. Jesteś w trawie. Jesteś w wodzie. Jesteś w tym pokoju. Jesteś w moim sercu".

❖ ❖ ❖

Każda myśl wytwarza specyficzne subtelne wibracje. [...] Kiedy wypowiadasz w myślach słowo" Bóg" i wewnętrznie tę myśl powtarzasz, uruchamiasz wibracje, które przywołują Bożą obecność.

❖ ❖ ❖

Ilekroć umysł błąka się w labiryncie niezliczonych przyziemnych myśli, cierpliwie przywódź go z powrotem do myśli o Panu mieszkającym w tobie. Z czasem odkryjesz, że jest z tobą zawsze

---

[2] Z poematu *Door of My Heart* [Drzwi mojego serca], opublikowanego w *Cosmic Chants* [Pieśniach kosmicznych] Paramahansy Joganandy.

– Bóg, który rozmawia z tobą twoim językiem, Bóg, którego twarz wygląda na ciebie z każdego kwiatu, krzewu i źdźbła trawy. A wtedy wykrzykniesz: „Jestem wolny! Spowija mnie zwiewna szata Ducha. Z ziemi ulatuję do nieba na skrzydłach ze światła". Jakaż radość przepełni całą twą istotę!

Nawiązanie więzi z Bogiem

„Wydaje mi się, że myślenie o Bogu cały czas jest niepraktyczne", zauważył ktoś z gości.

„Tak samo sądzi świat – odparł Paramahansadźi. – A czy świat jest miejscem szczęśliwym? Temu, kto porzuca Boga, umyka prawdziwa radość, bo przecież Bóg to sama Szczęśliwość. Jego wyznawcy żyją na ziemi w wewnętrznym niebie spokoju, lecz ci, co o Nim nie pamiętają, spędzają dni w piekle zagubienia, braku poczucia bezpieczeństwa i rozczarowań, które sami stworzyli. Zaprzyjaźnić się z Panem to rzecz najpraktyczniejsza w świecie!".

❖ ❖ ❖

Pielęgnuj znajomość z Bogiem. Boga można poznać tak dobrze, jak najdroższego przyjaciela. Oto prawda.

❖ ❖ ❖

Przede wszystkim musisz mieć właściwą koncepcję Boga – konkretną ideę Boga, dzięki której możesz nawiązać z Nim więź. A potem trzeba medytować i modlić się tak długo, aż ta koncepcja umysłowa przeistoczy się w autentyczne postrzeganie. Wtedy Go poznasz. Jeżeli wytrwasz, Bóg do ciebie przyjdzie.

❖ ❖ ❖

Są ludzie przedstawiający swego Stwórcę, który apodyktycznie wystawia człowieka na próby, osnuwa go dymem niewiedzy i razi karzącym ogniem; i który osądza jego czyny na podstawie bezdusznej analizy. I tak, wypaczają oni prawdziwe pojęcie Boga, Ojca Niebieskiego pełnego miłości i współczucia, przypisując Mu fałszywy wizerunek surowego, bezwzględnego i mściwego tyrana. Ci jednak, którzy z Nim obcują, wiedzą, że niemądrze jest myśleć o Nim inaczej niż jako o Współczującej Istocie, niewyczerpanym Źródle wszelkiej miłości i dobroci.

❖ ❖ ❖

Bóg jest Wiekuistą Szczęśliwością. Jego jestestwo to miłość, mądrość i radość. Istnieje zarówno Bóg bezosobowy, jak i osobowy, a przejawia się w najrozmaitszy sposób, jak Mu się podoba. Świętym objawia się w takiej postaci, jaka jest im droga. Chrześcijanin ujrzy w Nim Chrystusa, Hindus Krysznę lub Boską Matkę, i tak dalej. Wyznawcy boskości bezosobowej uświadamiają sobie Pana jako bezkresne Światło albo cudowny dźwięk *Aum*, pra-Słowo, jako Ducha Świętego. Najwyższym doznaniem Boga, jakiego człowiek może dostąpić, jest przeżywanie owej Błogości czy Szczęśliwości, w której w pełni zawiera się każdy inny aspekt Boskości – miłość, mądrość, nieśmiertelność.

Jakże jednak mogę przekazać wam słowami naturę Boga? Jego nie da się wyrazić słowami, nie da się Go opisać. Unikalną naturę Boga poznasz jedynie w głębokiej medytacji.

Dowód, że Bóg odpowiada

„Mistrzu, chyba nie robię żadnych postępów w medytacji – wyznał uczeń. – Niczego nie widzę ani nie słyszę".

„Szukaj Boga dla Niego samego – odparł Paramahansa Jogananda. – Najwyższym doświadczeniem Boga jest odczuwanie Go jako Błogiej Szczęśliwości, która płynie z nieskończonych głębin twego jestestwa. Nie pragnij żadnych wizji, zjawisk duchowych, ekscytujących doznań. Droga do boskości to nie cyrk!".

❖ ❖ ❖

Częstą przyczyną zniechęcenia duchowego jest oczekiwanie, że odpowiedź Boga przyjdzie do nas we wspaniałym rozbłysku zapierającej dech iluminacji. To błędne wyobrażenie tłumi percepcję subtelnych boskich odpowiedzi, które się pojawiają od samego początku, gdy się tylko zacznie medytować. Bóg odpowiada na każdą próbę, na każde pełne oddania wołanie wielbiciela. Zdasz sobie z tego sprawę już jako nowicjusz na ścieżce swoich poszukiwań, jeżeli tylko nauczysz się Go rozpoznawać w ciszy wewnętrznego spokoju, jaki niepostrzeżenie owłada świadomością. Ten spokój to pierwszy dowód obecności Boga w tobie. Zrozumiesz, że to On cię prowadzi, On cię inspiruje do podejmowania właściwych decyzji w życiu. Poczujesz, jak Jego moc wlewa w ciebie siłę pozwalającą przezwyciężyć nałogi oraz rozwijać przymioty duchowe. Poznasz Go też w postaci stale rosnącej radości i miłości, które wzbierają w głębi ciebie, przelewając się na twoje codzienne życie i związki.

❖ ❖ ❖

Im więcej spokoju czujesz w medytacji, tym bliżej jesteś Boga. Bóg zaś tym bardziej zbliża się do ciebie, im głębiej się pogrążasz w medytacji. Spokój, jakiego zaznajesz w medytacji, to język, którym Bóg do ciebie przemawia, i poczucie komfortu, którym cię otacza. Odkryj Go najpierw w głębi siebie, a wtedy odnajdziesz Go także we wszelkich szlachetnych pasjach życiowych, w prawdziwej przyjaźni, pięknie przyrody, w dobrych książkach, we wzniosłych dążeniach. Kiedy już znasz Boga w postaci spokoju wewnętrznego, uświadomisz Go sobie również na zewnątrz – jako pokój wszechogarniającej harmonii całego istnienia.

❖ ❖ ❖

„Mimo że usiłuję wyciszyć umysł, nie mam tyle siły, aby przepędzić niespokojne myśli i zagłębić się w świat wewnętrzny – napomknął ktoś z gości. – Pewnie brakuje mi oddania".

„Siedzenie w ciszy i próby wzbudzenia w sobie oddania często prowadzą donikąd – odrzekł Paramahansa Jogananda. – Właśnie dlatego uczę naukowych technik medytacji. Praktykuj je, a nauczysz się odłączać umysł od wrażeń zmysłowych i od bezustannego strumienia myśli, które by cię inaczej zalewały. Dzięki metodom *krija-jogi* świadomość wznosi się na wyższy plan bytu, tam gdzie oddanie dla nieskończonego Ducha budzi się w ludzkim sercu spontanicznie".

❖ ❖ ❖

Podstawowy dowód urzeczywistnienia Siebie – osiągnięcia Boskiej świadomości – to bycie szczęśliwym prawdziwie i bezwarunkowo. Wiedz, że gdy medytacja daje ci coraz więcej radości, ciągłej, nieustającej, to znaczy, że Bóg przejawia swoją obecność w tobie.

❖ ❖ ❖

Nawet szczerze oddanym wielbicielom czasem zdaje się, że Bóg nie odpowiada na ich modlitwy. Bóg jednak odpowiada, ale milcząco, za pośrednictwem praw, jakie ustanowił – ale nie odpowie otwarcie, nie będzie z nimi rozmawiał, jeśli nie jest ich całkowicie pewien. Pan Wszechświatów jest tak pokorny, że nie odzywa się, aby w ten sposób nie wpłynąć na wolną wolę wielbiciela, który ma prawo wybrać Go albo odrzucić. Kiedy Go poznasz, bez wątpienia Go pokochasz. Któż bowiem zdołałby się oprzeć Nieodpartemu? Jednakże chcąc Go poznać, trzeba Mu dowieść swojej bezwarunkowej miłości. Musisz mieć wiarę. Musisz wiedzieć, że On cię słucha już w chwili, gdy się modlisz. Wtedy da ci się On poznać.

❖ ❖ ❖

Jeśli Bóg nie odpowiada na twoje modlitwy, to dlatego, że nie modlisz się żarliwie, na serio. Nie możesz oczekiwać, że Jego uwagę przyciągną jakieś suche niby-modlitwy. Twoja modlitwa dotrze do Boga jedynie wówczas, gdy będziesz doń wołał uparcie, regularnie, z całą żarliwością. Oczyść umysł ze wszystkiego, co negatywne, na przykład z lęku, zmartwienia, gniewu, i wypełnij go myślami o miłości i służeniu oraz radosnym oczekiwaniem. W sanktuarium serca powinna królować jedna moc, jedna radość, jeden spokój – Bóg.

Czynnik osobisty w poszukiwaniu Boga

W poszukiwaniu Boga ważniejsze od opanowania całej nauki jogi jest czynnik osobisty. Ojciec Niebieski chce mieć pewność, że dzieci pragną tylko Jego i nic innego ich nie zadowoli. Jeżeli da się Bogu odczuć, że w sercu wyznawcy nie zajmuje pierwszego miejsca, odstępuje On na bok. Do tego jednak, kto powie: „Ach, Panie, nieważne, że ominie mnie dzisiejszy sen, abym tylko pobył z Tobą!", Bóg przyjdzie. Na pewno! Władca stworzenia, którego skrywają niezliczone zasłony tego tajemniczego świata, objawi się, ujawniając się zza każdej z nich. Z ludźmi oddanymi Mu autentycznie, bez reszty, Bóg rozmawia, bawi się w chowanego. Bywa, że gdy ktoś się martwi, Bóg nagle odsłania jakąś prawdę niosącą otuchę. Z czasem zaś na różne sposoby, bezpośrednie i pośrednie, spełnia każde życzenie oddanego wielbiciela.

❖ ❖ ❖

Tylko potężny, uparty, niesłabnący płomień oddania może przywabić Boga, aby nam podarował Siebie. Takiej żarliwości nikt cię nie może nauczyć. Sam musisz ją w sobie rozbudzić. „Można przywieść konia do wodopoju, ale nie zmusisz go do picia". Gdy jednak koń jest spragniony, sam szuka wody nader gorliwie. A więc kiedy cię spala potężne, nieugaszone pragnienie Boga, gdy już do niczego innego nie przywiązujesz nadmiernej wagi – ani do wymogów świata, ani do nakazów ciała – wówczas dopiero Bóg do ciebie przyjdzie.

❖ ❖ ❖

Takie nieodparte pragnienie jest czynnikiem decydującym o powodzeniu w poszukiwaniach Boga.

❖ ❖ ❖

Bóg słyszy wszystkie nasze modlitwy, choć nie na wszystkie odpowiada. Jesteśmy w sytuacji dziecka, które woła matkę, ta jednak uważa, że iść do niego nie ma potrzeby. Posyła mu zabawkę, żeby się uspokoiło. Gdy jednak dziecko nie da się pocieszyć niczym innym, żądając wyłącznie jej obecności, matka w końcu przychodzi. Jeśli chcesz poznać Boga, musisz się uprzeć jak nieznośne dziecko, które płacze tak długo, aż matka przyjdzie.

❖ ❖ ❖

Nie skacz z radości po odebraniu tylko jednej czy dwóch mentalnych transmisji, ale z nieustającym zapałem nadal świadomie afirmuj, z wciąż się potęgującym głodem serca, nieustannie [...], aż poczujesz, stale wzrastający dreszcz radości eksplodującej w całym twoim ciele.

❖ ❖ ❖

Kiedy poczujesz jak eksplodujący dreszcz radości rozprzestrzenia się w twoim sercu i całym ciele, i nadal wzrasta, nawet po zakończeniu medytacji, wiedz, że otrzymałeś niezaprzeczalny dowód, że Bóg ci odpowiedział poprzez radio twojego serca, które dostroiłeś swoim oddaniem.

❖ ❖ ❖

W Nim odnajdziesz miłość wszystkich serc. Odnajdziesz

pełnię. Wszystko, co świat ci daje, a potem odbiera, pozostawiając cię w bólu i rozczarowaniu, odnajdziesz w Bogu, tylko w znacznie wspanialszej postaci i bez pokłosia smutku.

❖ ❖ ❖

On jest najbliższy z najbliższych, najdroższy z najdroższych. Kochaj Go jak skąpiec miłuje pieniądze, tak żarliwie, jak zakochany swą wybrankę, jak tonący kocha oddech. Kiedy twoja tęsknota za Bogiem jest intensywna, On do ciebie przyjdzie.

❖ ❖ ❖

Poszukiwacz Serc pragnie tylko twojej szczerej miłości. Przypomina On małe dziecko – ktoś może mu ofiarować całe swoje bogactwo, a On go nie chce; ktoś inny wykrzyknie: „Ach, Panie, jakże cię kocham!", i do serca tego wielbiciela On przybiega.

❖ ❖ ❖

Bóg ci nie powie, że powinieneś Go miłować ponad wszystko inne, ponieważ pragnie miłości dobrowolnej, a nie „podpowiedzianej". Oto i cały sekret w grze tego wszechświata. Ten, który nas stworzył, tęskni za naszą miłością. Pragnie, abyśmy Mu ją ofiarowali spontanicznie, bez proszenia o nią. Nasza miłość to jedyna rzecz, której Bóg nie posiada, chyba że zechcemy Go nią obdarzyć. Jak więc widzicie, nawet Pan ma coś do zdobycia: naszą miłość. My zaś nigdy nie będziemy szczęśliwi, dopóki Mu jej nie damy.

❖ ❖ ❖

Największą miłość, jakiej można zaznać, przeżyjesz w czasie obcowania z Bogiem w medytacji. Miłość między duszą a Duchem to miłość doskonała, miłość, jakiej wszyscy szukacie. Kiedy medytujesz, miłość rośnie. Przez serce przepływają miliony potężnych wzruszeń [...]. W głębokiej medytacji owładnie tobą miłość, jakiej nie wysłowi żaden ludzki język; poznasz Jego boską miłość, a także będziesz potrafił dawać tę czystą miłość innym.

❖ ❖ ❖

Gdybyś mógł poczuć choć odrobinę boskiej miłości, zaznałbyś radości tak ogromnej, tak przemożnej, że nie zdołałbyś jej w sobie pomieścić.

❖ ❖ ❖

Kiedy jesteśmy dostrojeni do Boga, nasze postrzeganie jest nieograniczone, przenika wszędzie w oceanicznym przepływie Bożej Obecności. Gdy poznamy Ducha i gdy wiemy, że sami Nim jesteśmy, nie ma już dla nas lądu ani morza, ni ziemi, ni nieba – wszystko jest tylko Nim. Stanu, w którym wszystko roztapia się w Duchu, nikt nie zdoła opisać. Czuje się ogromną błogą szczęśliwość – wieczystą pełnię radości, wiedzy i miłości.

❖ ❖ ❖

Miłość Boga, miłość Ducha, jest miłością kompletnie pochłaniającą. Tego, kto raz jej zazna, będzie odtąd prowadzić przez wieczne królestwa coraz to dalej i dalej. Miłość ta już nigdy nie będzie odebrana ci z serca. Będzie w nim płonąć, a w jej ogniu odkryjesz nieodparty magnetyzm Ducha, który przyciąga do ciebie ludzi, a także wszystko, czego prawdziwie potrzebujesz lub pragniesz.

Mówię wam zgodnie z prawdą, że na wszystkie pytania odpowiedział mi Bóg, nie ludzie. On *jest*. On *jest*. To Jego duch przemawia do was przeze mnie. To o Jego miłości mówię. Dreszcze emocji, jeden po drugim! Niby łagodne zefirki Jego miłość opanowuje duszę. Dniem i nocą, tydzień po tygodniu, rok po roku ona wciąż rośnie – nie wiesz, gdzie jest jej kres. Tego właśnie każdy z was szuka. Myślicie, że chcecie ludzkiej miłości i dobrobytu, lecz za tymi pragnieniami kryje się Ojciec, który was przywołuje. Jeśli zdacie sobie sprawę, że jest On wspanialszy od wszystkich Jego darów, wtedy Go znajdziecie.

❖ ❖ ❖

Człowiek przyszedł na ziemię jedynie po to, aby się uczyć poznawać Boga; nie z żadnej innej przyczyny. I to jest prawdziwe przesłanie Pana. Wszystkim, którzy Go szukają i miłują, mówi On o wspaniałym Życiu, w którym nie istnieje ból, starość, wojna ani śmierć – tylko wieczna pewność. W tym Życiu nic nie ulega zniszczeniu. Jest tylko niewymowne szczęście, nigdy nie przebrzmiałe – szczęście wiecznie nowe.

Oto, dlaczego warto poszukiwać Boga. Wszyscy, którzy szukają szczerze, znajdą Go. Ci, którzy chcą miłować Pana i pragną wejść do Jego królestwa, oraz ci, którzy z całego serca pragną Go poznać, znajdą Go. Jednakże, aby tak się stało, ogień tęsknoty za Nim musi się w was potęgować bez ustanku, dniem i nocą. Uhonoruje On waszą miłość, spełniając swoją odwieczną obietnicę, a wtedy poznacie nieustającą radość i szczęście. Wszystko jest światłem, wszystko jest radością, wszystko jest pokojem, wszystko jest miłością. Bóg jest wszystkim.

Modlitwy i afirmacje

Naucz mnie znajdować Twą obecność na ołtarzu nieprzerwanego spokoju oraz w radości, jaka płynie z głębokiej medytacji.

❖ ❖ ❖

Błogosław mnie, abym mógł znaleźć Ciebie w świątyni każdej myśli i każdego działania. Znajdując Cię wewnątrz, znajdę Cię również na zewnątrz, we wszystkich ludziach i we wszystkich okolicznościach.

O Autorze

*„Ideał miłości do Boga i służby dla ludzkości znalazł
swój pełen wyraz w życiu Paramahansy Joganandy. [...]
Chociaż większą część swojego życia spędził poza Indiami,
to zajmuje godne miejsce pośród naszych wielkich świętych.
Jego dzieło nieustannie wzrasta i błyszczy coraz jaśniej,
przyciągając zewsząd ludzi na ścieżkę pielgrzymki Ducha."*

– wyjątek z hołdu złożonego przez rząd indyjski Paramahansie
Joganandzie z okazji wydania pamiątkowego znaczka w dwu-
dziestą piątą rocznicę śmierci Paramahansy Joganandy.

Urodzony w Indiach 5 stycznia 1893 roku, Paramahansa
Jogananda poświęcił swoje życie pomaganiu ludziom wszystkich
ras i wyznań w urzeczywistnieniu i pełniejszym wyrażeniu w ich
życiu piękna, szlachetności oraz prawdziwej boskości ludzkiego
ducha.

Po ukończeniu studiów uniwersyteckich w Kalkucie w 1915
roku, Śri Jogananda złożył formalne śluby jako mnich czcigod-
nego indyjskiego Zakonu Swamich. Dwa lata później rozpoczął
swoje życiowe dzieło, zakładając szkołę nauczającą „jak żyć" –
dzieło to od tamtej pory rozrosło się do dwudziestu jeden instytucji wychowawczych w całych Indiach – gdzie tradycyjne
przedmioty akademickie wykładano razem z kursem jogi oraz in-
strukcjami dotyczącymi ideałów duchowych. W 1920 roku, jako
delegat Indii, został zaproszony na Międzynarodowy Kongres
Liberałów Religijnych w Bostonie. Jego wystąpienie w Kongresie
oraz kolejne wykłady na wschodnim wybrzeżu USA zostały przy-
jęte entuzjastycznie, a w 1924 roku wyruszył na tournée z wykładami po całym kontynencie amerykańskim.

Poprzez kolejne trzy dziesięciolecia Paramahansa Jogananda gruntownie przyczynił się do poszerzenia świadomości i docenienia przez Zachód duchowej mądrości Wschodu. W Los Angeles ustanowił międzynarodową siedzibę dla Self-Realization Fellowship – niesekciarskiego religijnego stowarzyszenia, które założył w 1920 roku. Poprzez swoje książki, liczne tournée z wykładami oraz utworzenie licznych świątyń i ośrodków medytacji stowarzyszenia Self-Realization Fellowship, Paramahansa Jogananda wprowadził tysiące poszukiwaczy prawdy w starożytną naukę i filozofię jogi oraz jej uniwersalne metody medytacji.

Obecnie, duchowe i humanitarne dzieło rozpoczęte przez Paramahansę Joganandę jest kontynuowane pod przewodnictwem Brata Chidanandy, prezesa Self-Realization Fellowship / Yogoda Satsanga Society of India. Poza wydawaniem jego książek, wykładów i nieformalnych przemówień (wliczając w to obszerną serię lekcji do studiowania w domu) stowarzyszenie zajmuje się także nadzorem nad swoimi świątyniami, pustelniami oraz ośrodkami na całym świecie, zakonnymi społecznościami Self-Realization Fellowship oraz Ogólnoświatowym Kręgiem Modlitwy.

W artykule na temat życia i dzieła Śri Joganandy, Dr. Quincy Howe Jr., profesor Katedry Języków Starożytnych w Scripps College napisał: „Paramahansa Jogananda przywiózł na Zachód nie tylko odwieczną indyjską obietnicę Bożego urzeczywistnienia, ale również i praktyczną metodę, dzięki której duchowi aspiranci ze wszystkich klas społecznych mogą szybko podążać do celu. Duchowe dziedzictwo Indii, doceniane uprzednio na Zachodzie jedynie na najbardziej wzniosłym i abstrakcyjnym poziomie, jest obecnie dostępne jako praktyka i doświadczenie dla wszystkich, którzy aspirują do poznania Boga, nie w życiu pośmiertnym, ale tutaj i teraz [...]. Jogananda umieścił w zasięgu wszystkich najbardziej ekstatyczne metody kontemplacji".

Życie i nauki Paramahansy Joganandy opisane zostały w jego *Autobiografii jogina* (zob. strona 223). Film dokumentalny o jego życiu i twórczości, *Awake: The Life of Jogananda* (Awake: Życie Joganandy), który ukazał się w październiku 2014 roku, zdobył wielokrotnie nagrody.

PARAMAHANSA JOGANANDA:
Jogin w życiu i śmierci

Paramahansa Jogananda wszedł w *mahasamadhi* (stan, w którym jogin w pełni świadomości ostatecznie opuszcza ciało) w dniu 7 marca 1952 roku w Los Angeles w Kalifornii. Odszedł po wygłoszeniu przemówienia na bankiecie wydanym na cześć Jego Ekscelencji Binaja R. Sena, ambasadora Indii.

Ten wielki nauczyciel świata dowiódł wartości jogi (naukowych metod urzeczywistniania Boga) nie tylko swym życiem, ale i śmiercią. Kilka tygodni po odejściu jego niezmieniona twarz nadal jaśniała boskim blaskiem i nie nosiła żadnych oznak rozkładu.

Harry T. Rowe, dyrektor Kostnicy przy Cmentarzu Forest Lawn Memorial Park w Los Angeles (gdzie czasowo umieszczono ciało wielkiego mistrza), przysłał Self-Realization Fellowship potwierdzony notarialnie list, którego fragmenty cytujemy:

„Brak jakichkolwiek widocznych oznak rozkładu ciała Paramahansy Joganandy stanowi najbardziej niezwykły przypadek w naszej praktyce. [...] Nawet dwadzieścia dni po śmierci nie zaobserwowano żadnych śladów rozkładu. [...] Na skórze nie dostrzeżono żadnych zmian grzybiczych, a w tkankach oznak wysychania. Zachowanie się ciała w tak doskonałym stanie jest, o ile nam wiadomo z kartoteki kostnicy, czymś zupełnie niespotykanym. [...] W chwili przyjęcia zwłok personel kostnicy spodziewał się, że przez szklane wieko trumny dostrzeże zwykłe oznaki postępującego rozkładu. Nasze zdumienie rosło, w miarę jak dni mijały i nadal nie było widać najmniejszych zmian. Ciało Joganandy najwyraźniej pozostawało w fenomenalny sposób nienaruszone. [...]

„Nie pojawił się też przykry zapach towarzyszący rozkładowi. [...] Wygląd zewnętrzny Joganandy w dniu 27 marca, tuż zanim założono na trumnę brązową pokrywę, był taki sam jak 7 marca. W dniu 27 marca wyglądał on równie świeżo jak w wieczór swojej śmierci i nie było absolutnie podstaw do stwierdzenia, że jego ciało choć w najmniejszym stopniu uległo rozkładowi. Dlatego oświadczamy raz jeszcze, że przypadek Paramahansy Joganandy jest wyjątkowy w naszej praktyce".

DODATKOWE INFORMACJE O NAUKACH PARAMAHANSY JOGANANDY O *KRIJA-JODZE*

Self-Realization Fellowship ofiaruje wszelką pomoc wszystkim duchowym poszukiwaczom na całym świecie. W celu uzyskania informacji odnośnie corocznej serii publicznych wykładów i lekcji, medytacji i modlitw w naszych inspirujących świątyniach i ośrodkach, harmonogramu odosobnień i innych działalności, zapraszamy do odwiedzenia naszej strony internetowej lub naszej międzynarodowej siedziby:

www.yogananda-srf.org

Self-Realization Fellowship
3880 San Rafael Avenue
Los Angeles, CA 90065
(323) 225-2471

LEKCJE SELF-REALIZATION FELLOWSHIP

*Osobiste porady i wskazówki od Paramahansy Joganandy doty-
czące nauki medytacji jogi i zasad życia duchowego*

Jeśli czujesz, że przyciągają cię duchowe prawdy opisane
w *Autobiografii jogina*, zapraszamy do zapisania się na *Lekcje Self-
Realization Fellowship*.

Paramahansa Jogananda zapoczątkował serię lekcji przeznaczonych do studiowania w domu dla tych, którzy szczerze szukają
możliwości nauki i praktyki starożytnych technik medytacji jogi
przywiezionych przez niego na Zachód, łącznie z nauką *krija-jogi*.
Lekcje te udzielają praktycznych wskazówek dla uzyskania zrównoważonego fizycznego, psychicznego i duchowego stanu.

Lekcje Self-Realization Fellowship są dostępne za nominalną
opłatą (która pokrywa koszt druku i przesyłki). Indywidualnych
wskazówek dotyczących ćwiczeń praktycznych udzielają uczniom
mnisi i mniszki Self-Realization Fellowship.

W celu uzyskania dalszych informacji...

Odwiedź naszą stronę internetową www.srflessons.org i po-
proś o wyczerpujący bezpłatny pakiet informacji o *Lekcjach*, który zawiera:

- „Przegląd *Lekcji Self-Realization Fellowship*: informacje o serii nauk Paramahansy Joganandy przeznaczonych do indywidualnego studiowania"
- „Najwyższe osiągnięcia poprzez samorealizację" autorstwa Paramahansy Joganandy – dokładne wprowadzenie do nauk przedstawionych w *Lekcjach SRF*

CELE I IDEAŁY SELF-REALIZATION FELLOWSHIP

*Według Paramahansy Joganandy, założyciela
Brata Chidananady, prezesa*

Szerzenie pośród narodów wiedzy o istnieniu określonych, naukowych technik, prowadzących do bezpośredniego, osobistego doświadczania Boga.

Nauczanie, że celem życia człowieka jest ewolucyjna przemiana ograniczonej, śmiertelnej świadomości ludzkiej w Świadomość Boską. Przemiany tej człowiek dokonuje własnym wysiłkiem. Dlatego należy budować na całym świecie świątynie Self-Realization Fellowship, w których człowiek będzie obcował z Bogiem, oraz zachęcać do zakładania prywatnych świątyń Boga w domach i sercach ludzkich.

Ukazywanie całkowitej zgodności i podstawowej jedności nauk pierwotnego chrześcijaństwa, które głosił Jezus Chrystus, i oryginalnej jogi, nauczanej przez Bhagawana Krysznę. Pokazywanie, że zawarta w nich prawda jest wspólną, naukową podstawą wszystkich prawdziwych religii.

Wskazywanie jednej drogi do Boga, do której ostatecznie prowadzą wszystkie ścieżki prawdziwych religii: drogi codziennej, pełnej oddania medytacji o Bogu, opartej na naukowych podstawach.

Wyzwolenie człowieka z trojakiego cierpienia: chorób ciała, zaburzeń równowagi psychicznej i niewiedzy duchowej.

Zachęcanie do „prostego życia i wzniosłego myślenia".

Szerzenie wśród narodów ducha braterstwa poprzez nauczanie o wiecznej podstawie jedności: pokrewieństwie w Bogu.

Ukazywanie władzy umysłu nad ciałem, duszy nad umysłem.

Przezwyciężanie zła dobrem, smutku radością, okrucieństwa dobrocią, niewiedzy mądrością.

Zjednoczenie nauki i religii dzięki zrozumieniu jedności ich podstawowych zasad.

Propagowanie kulturowego i duchowego zrozumienia między Wschodem a Zachodem, i wymiany najlepszych, specyficznych dla nich wartości.

Służenie ludzkości jako własnej większej Jaźni.

Autobiografia Jogina
Paramahansy Joganandy

Ta ciesząca się ogromnym uznaniem autobiografia przedstawia fascynujący portret jednej z wielkich postaci duchowych naszych czasów. Z ujmującą szczerością, elokwencją i dowcipem Paramahansa Jogananda przedstawia inspirującą kronikę swojego życia – doświadczenia niezwykłego dzieciństwa, spotkania z wieloma świętymi i mędrcami podczas swoich młodzieńczych poszukiwań oświeconego nauczyciela, które prowadził w całych Indiach, dziesięć lat nauki w pustelni szanowanego nauczyciela jogi i trzydzieści lat życia i nauczania w Ameryce. Opisuje również swoje spotkania z Mahatmą Gandhim, Rabindranathem Tagore, Lutherem Burbankiem, katolicką stygmatyczką Teresą Neumann i innymi słynnymi postaciami duchowymi Wschodu i Zachodu.

Autobiografia jogina jest jednocześnie pięknie napisaną relacją o wyjątkowym życiu i dogłębnym wprowadzeniem do starożytnej nauki jogi, i powiązanej z nią odwiecznej tradycji medytacji. Autor dokładnie wyjaśnia subtelne, a zarazem konkretne prawa rządzące zarówno zwykłymi wydarzeniami dnia codziennego jak i niezwykłymi zdarzeniami, które powszechnie uważamy za cuda. Jego pochłaniająca historia życia staje się tłem dla przenikliwego i niezapomnianego wglądu w ostateczne tajemnice ludzkiej egzystencji.

Uznana za klasyczne dzieło współczesnej literatury duchowej, książka ta została przetłumaczona na czterdzieści języków i jest powszechnie studiowana w college'ach i uniwersytetach.

Tam, gdzie Światło

Autobiografia jogina znalazła sobie drogę do serc milionów czytelników na całym świecie i nadal znajduje się na liście bestsellerów od czasu, gdy po raz pierwszy opublikowano ją ponad sześćdziesiąt lat temu.

„Niebywała historia".

„Fascynujące i opatrzone klarownymi komentarzami studium".

„Nigdy dotąd nie napisano w języku angielskim ani w żadnym języku europejskim, równie doskonałej prezentacji jogi".

Książki Paramahansy Joganandy w języku polskim

Do nabycia na www.srfbooks.org lub innych księgarniach internetowych

Autobiografia jogina

Dlaczego Bóg dopuszcza zło

Jak można rozmawiać z Bogiem

Jak odnieść zwycięstwo w życiu

Joga Jezusa

Mądrości Paramahansy Joganandy

Medytacje metafizyczne

Naukowe afirmacje uzdrawiające

Naukowy aspekt religii

Pamiętnik duchowy

Prawo sukcesu

Spokój wewnętrzny

W sanktuarium duszy

Żyć nieustraszenie

Książki Paramahansy Joganandy w języku angielskim

Autobiography of a Yogi

God Talks With Arjuna:
The Bhagavad Gita
A New Translation and Commentary

The Second Coming of Christ:
The Resurrection of the Christ Within You
A Revelatory Commentary on the Original Teachings of Jesus

The Yoga of the Bhagavad Gita

The Yoga of Jesus

The Collected Talks and Essays
Volume I: Man's Eternal Quest

Volume II: The Divine Romance

Volume III: Journey to Self-realization

Wine of the Mystic:
The Rubaiyat of Omar Khayyam
A Spiritual Interpretation

Songs of the Soul

Whispers from Eternity

Scientific Healing Affirmations

In the Sanctuary of the Soul:
A Guide to Effective Prayer

The Science of Religion

Metaphysical Meditations

Where There Is Light
Insight and Inspiration for Meeting Life's Challenges

Sayings of Paramahansa Jogananda

Inner Peace:
How to Be Calmly Active and Actively Calm

Living Fearlessly
Bringing Out Your Inner Soul Strength

The Law of Success

How You Can Talk With God

Why God Permits Evil and How to Rise Above It

To Be Victorious in Life

Cosmic Chants

Nagrania audio
Paramahansy Joganandy

Beholding the One in All

The Great Light of God

Songs of My Heart

To Make Heaven on Earth

Removing All Sorrow and Suffering

Follow the Path of Christ, Krishna, and the Masters

Awake in the Cosmic Dream

Be a Smile Millionaire

One Life Versus Reincarnation

In the Glory of the Spirit

Self-Realization: The Inner and the Outer Path

Pozostałe publikacje
Self-Realization Fellowship

The Holy Science
Swami Sri Yukteswar

Only Love:
Living the Spiritual Life in a Changing World
Sri Daya Mata

Finding the Joy Within You:
Personal Counsel for God-Centered Living
Sri Daya Mata

Intuition:
Soul Guidance for Life's Decisions
Sri Daya Mata

God Alone:
The Life and Letters of a Saint
Sri Gyanamata

"Mejda":
The Family and the Early Life of Paramahansa Jogananda
Sananda Lal Ghosh

Self-Realization
(kwartalnik założony przez Paramahansę Joganandę w 1925 r.)

Nagrania DVD

Awake:
The Life of Jogananda
Film nakręcony przez CounterPoint Films

Bezpłatny pakiet wprowadzający

Naukowe techniki medytacji nauczane przez Paramahansę Joganandę, w tym *krija-joga* – jak również jego wskazówki dotyczące wszystkich aspektów zrównoważonego życia duchowego – zawarte są w Lekcjach Self-Realization Fellowship. Odwiedź stronę www.srflessons.org, aby poprosić o bezpłatny pakiet ogólnych informacji na temat Lekcji.

Self-Realization Fellowship
3880 San Rafael Avenue
Los Angeles, CA 90065-3219
Phone +1(323) 225-2471 • Fax +1(323) 225-5088

www.yogananda.org

Słowniczek

astralny, świat astralny – Poza fizycznym światem materii istnieją świat subtelny ze światła i energii, oraz świat przyczynowy bądź pojęciowy, świat myśli. Każda istota, przedmiot i wibracja mają swój astralny odpowiednik, jako że wszechświat astralny (niebo) stanowi „matrycę" wszechświata fizycznego. Wprawdzie śmierć wyzwala człowieka z otoczki ciała fizycznego, pozostaje on jednak odziany w świetlane ciało astralne (wyglądem przypominające tamto ziemskie, które z siebie zrzucił) oraz w przyczynowe ciało myślowe. Następnie wstępuje do jednej z mnogich stref wibracyjnych świata astralnego („W domu mojego Ojca wiele jest mieszkań". – Jan, 14:2), ażeby kontynuować ewolucję duchową w większej wolności tego subtelnego królestwa. I tam pozostaje przez czas, jaki wyznacza mu karma, aż do kolejnych narodzin na ziemi (zob. reinkarnacja).

Aum (Om) – sanskrycka podstawa słowa lub dźwięk-nasienie symbolizujący ten aspekt Boga, który stwarza i podtrzymuje wszystkie rzeczy; Kosmiczna Wibracja. Wedyjskie *Aum* stało się świętym słowem *Hum* u Tybetańczyków, *Amin* u muzułmanów, *Amen* u Egipcjan, Greków, Rzymian i w religii żydowskiej, i chrześcijańskiej. Wielkie religie świata głoszą, że wszystkie rzeczy stworzone pochodzą z kosmicznej energii wibracyjnej *Aum* lub Amen, Słowa, czyli Ducha Świętego. „Na początku było Słowo, a Słowo było u Boga, i Bogiem było Słowo. To było na początku u Boga. Wszystkie rzeczy się przez nie stały, a bez niego nic się nie stało, co się stało" (Jan 1:1-3).

Amen po hebrajsku znaczy *pewny, wierny*. „To mówi Amen, świadek [on] wierny i prawdziwy, początek stworzenia Bożego" (*Apokalipsa Św. Jana 3:14*). Podobnie jak wibracja działającego motoru tworzy dźwięk, tak i wszechobecny dźwięk Aum świadczy o działaniu „Kosmicznego Motoru", podtrzymującego wszelkie życie i każdą cząstkę stworzenia energią wibracji. W *Lekcjach Self-Realization Fellowship (q.v.)* Paramahansa Jogananda uczy technik medytacji, których stosowanie prowadzi do bezpośredniego doświadczania Boga jako *Aum* lub Ducha Świętego.

To pełne szczęścia obcowanie z niewidzialną boską Mocą ("Pocieszycielem, [onym] Duchem Świętym" – Jan 14:26) jest prawdziwie naukową podstawą modlitwy.

awatar – Boska inkarnacja. Słowo pochodzi od sanskryckiego: *avatara*, przy czym rdzeń *ava* znaczy "w dół", a rdzeń *tri* – "przejść". Mianem awatara określa się istotę, która osiągnąwszy zjednoczenie z Duchem, powraca na Ziemię, aby pomagać ludzkości.

Bhagawadgita – "Pieśń Pana". Starożytne indyjskie pismo święte składające się z osiemnastu rozdziałów, a stanowiące część eposu *Mahabharata*. Treść jest podana w formie dialogu między awatarem *(q.v.)* Panem Kryszną a jego uczniem Ardźuną, dialogu, który się rozgrywa w przeddzień historycznej bitwy na równinie Kurukszetra. Gita to głęboki traktat na temat nauki jogi (zjednoczenia z Bogiem) zawierający także ponadczasowe zalecenia, jak osiągnąć szczęście i powodzenie w życiu codziennym. O tym uniwersalnym piśmie świętym tak pisał Mahatma Gandhi: "Ten, kto medytuje nad *Gitą*, codziennie odkrywa w niej nowe znaczenia i nową radość. Nie ma takich duchowych zawiłości, których *Gita* nie mogłaby rozwikłać".

Cytaty z *Bhagawadgity* zawarte w treści i przypisach niniejszej książki podajemy według tłumaczenia Paramahansy Joganandy, który przekładał je z sanskrytu [na angielski] czasem dosłownie, a czasem je parafrazował.

Bhagawan Kryszna – awatar *(q.v.)*, który żył w pradawnych Indiach wieki przed erą chrześcijańską. Jednym ze znaczeń, jakie hinduskie pisma święte przypisują imieniu *Kryszna*, jest "Duch wszechwiedzący". Tak więc *Kryszna*, podobnie jak *Chrystus*, to rodzaj tytułu określającego duchową wielkość tego awatara – jego jedność z Bogiem [zob. *Świadomość Chrystusowa*]. Tytuł *Bhagawan* znaczy "Pan".

Boska Matka – aspekt Boga działający w stworzeniu; *śakti*, czyli moc Transcendentnego Stwórcy. Inne terminy oznaczające ten aspekt Boga to *Aum, Śakti*, Duch Święty, Kosmiczna Inteligentna Wibracja, Przyroda, czyli *Prakryti*. Także osobowy aspekt Boga ucieleśniający takie cechy, jak miłość i współczucie matki.

Pisma hinduskie nauczają, że Bóg jest zarówno immanentny, jak i transcendentny, osobowy i nieosobowy. Można Go poszukiwać jako Absolutu; jako jedną z Jego przejawionych wiecznych cech, takich jak miłość, mądrość, szczęśliwość, światło; w postaci *iszta* (bóstwa); lub jak Niebiańskiego Ojca, Matkę, Przyjaciela.

Chrystusowa Świadomość – *Chrystus* albo *Świadomość Chrystusowa* to świadomość Boga rzutowana przezeń w świat, immanentna w całym stworzeniu. W chrześcijańskim Piśmie Świętym „syn jednorodzony", jedyne czyste odbicie Boga Ojca w stworzeniu; w hinduskich pismach świętych *Kutastha Ćajtanja*, kosmiczna inteligencja Ducha wszech-obecnego w stworzeniu. Jest to kosmiczna świadomość, jedność z Bo-giem, przejawiona przez Jezusa, Krysznę i innych awatarów. Wielcy święci i jogini znają ją jako stan medytacyjny *samadhi*, w którym ich świadomość staje się identyczna z boską inteligencją w każdej cząstce stworzenia; odczuwają cały wszechświat jako własne ciało.

Chrystusowy ośrodek – ośrodek koncentracji i woli w ciele położony mię-dzy brwiami – siedziba *Świadomości Chrystusowej (q.v.)* i *oka duchowego (q.v.)*.

ćakry: w jodze jest to siedem tajemnych ośrodków życia i świadomości w krę-gosłupie i w mózgu, które ożywiają ciało fizyczne i astralne człowieka. Ośrodki te nazywa się *ćakrami* („kołami"), ponieważ skoncentrowana w każdym z nich energia przypomina piastę koła, z której rozchodzą się promienie życiodajnego światła i energii. Licząc od dołu kręgosłupa, ćakry te to: *muladhara* (przy kości ogonowej, u podstawy kręgosłupa); *swadhisthana* (przy kości krzyżowej, około 5 cm ponad muladharą); *manipura* (lędźwiowa, naprzeciw pępka); *anahata* (piersiowa, naprzeciw serca); *wiśuddha* (szyjna, u podstawy szyi); *adźnia* (tradycyjnie umiesz-czana między brwiami, w rzeczywistości bezpośrednio połączona drogą polaryzacji z rdzeniem przedłużonym; zob. także *rdzeń przedłużony* i *oko duchowe*); i *sahasrara* (w najwyższej części mózgu).

Te siedem ośrodków to zaplanowane przez Boga bramy lub „klapy", przez które dusza zstąpiła w ciało i przez które musi się wznieść z powrotem w procesie medytacji. Po tych siedmiu kolejnych szczeblach dusza wydostaje się do Świadomości Kosmicznej. Świadomie wznosząc się w górę przez siedem otwartych czy „obudzonych" ośrodków, dusza podróżuje autostradą do Nieskończonego, prawdziwą drogą, którą musi przebyć, aby ponownie zjednoczyć się z Bogiem.

W traktatach jogicznych na ogół uważa się za *ćakry* tylko sześć niższych ośrodków, a *sahasrarę* traktuje się jako siódmy, oddzielny ośrodek. Jednakże wszystkie siedem ośrodków często nazywa się lotosami, których płatki rozchylają się, czyli zwracają się ku górze w procesie duchowego przebudzenia, gdy energia życiowa i świadomość wznoszą się w górę kręgosłupa.

ego – w sanskrycie *ahamkara* (dosłownie: „to ja działam"), podstawowa przyczyna dualizmu, czyli pozornej oddzielności człowieka od Stwórcy. To ego oddaje człowieka pod władzę *maji* (q.v.), za sprawą której dusza ulega złudzeniu i utożsamia się z ograniczeniami świadomości cielesnej, zapominając o swojej jedności z Bogiem, jedynym Sprawcą. (Zob. *Jaźń*).

guru – nauczyciel duchowy. Słowa *guru* często się nadużywa, określając nim każdego nauczyciela czy instruktora jakiegokolwiek nauczyciela lub instruktora, ale prawdziwy oświecony przez Boga guru to taki, który poprzez osiągnięcie samoopanowania stał się tożsamy z wszechobecnym Duchem. Wyłącznie taki nauczyciel ma kompetencje pozwalające prowadzić poszukującego w jego wewnętrznej podróży ku urzeczywistnieniu w sobie boskości.

Jaźń – w sanskrycie *atman*, czyli dusza, boska esencja człowieka. Jest ona zindywidualizowanym Duchem, którego istotą jest błoga szczęśliwość – wiecznotrwała, wieczyście świadoma i wieczyście nowa. Jaźń lub dusza stanowi wewnętrzne źródło miłości, mądrości, spokoju, współczucia oraz wszelkich boskich przymiotów.

joga – od sanskryckiego *judź* – *łączyć, jednoczyć*. Joga jest zjednoczeniem się duszy indywidualnej z Duchem; terminem tym określa się także metody osiągania tego celu. Istnieją rozmaite metody, ta zaś, której naucza Self-Realization Fellowship nazywa się *radźa-joga*, czyli joga „królewska" lub „kompletna". Tej właśnie jogi uczył Bhagawan Kryszna w *Bhagawadgicie*. Mędrzec Patańdźali, najwybitniejszy propagator jogi w starożytności, wyodrębnił osiem etapów, przez które przechodzi *radźa jogin*, by ostatecznie osiągnąć *samadhi*, jedność z Bogiem. Są to: 1) *jama*, moralne postępowanie, 2) *nijama*, nakazy jogiczne, 3) *asana*, prawidłowa pozycja ciała pozwalająca wyciszyć niepokój cielesny, 4) *pranajama*, panowanie nad *pranami*, subtelnymi prądami życiowymi, 5) *pratjahara*, interioryzacja, 6) *dharana*, koncentracja, 7) *dhjana*, medytacja, 8) *samadhi*, doznania nadświadome.

jogin – praktykujący jogę *(q.v.)*. Jogin może pozostawać w stanie małżeńskim lub wolnym, może też być człowiekiem pełniącym liczne świeckie obowiązki albo mnichem, który złożył formalne śluby wymagane przez religię.

karma – skutki przeszłych czynów z tego żywota lub z poprzednich; od sanskryckiego *kr* – robić. Według objaśnień hinduskich pism świętych równoważące prawo karmy to prawo akcji i reakcji, przyczyny i skutku, siewu i zbioru. Zgodnie z naturalnym prawem sprawiedliwości każdy człowiek poprzez swe myśli i czyny staje się kowalem własnego losu. Każda energia, którą on sam, mądrze lub niemądrze, wprawił w ruch, musi powrócić do niego jako punktu wyjściowego, podobnie jak okrąg, który nieuchronnie musi się dopełnić. Zrozumienie prawa karmy jako prawa sprawiedliwości umożliwia uwolnienie ludzkiego umysłu od pretensji do Boga i bliźniego. Karma podąża za człowiekiem od wcielenia do wcielenia, aż się wypełni lub zostanie duchowo przekroczona. (zob. *reinkarnacja*).

Kryszna – zob. *Bhagawan Kryszna*.

krija-joga – święta nauka duchowa powstała tysiące lat temu w Indiach. Obejmuje ona pewne techniki medytacyjne, których praktykowanie w duchu oddania prowadzi do bezpośredniego, osobistego doświadczenia Boga. W *Bhagawadgicie* Kryszna wychwala pod niebiosa *krija-jogę*, będącą pewną formą *radźa-jogi* („radźa" znaczy „królewska" lub „kompletna"), zaleca ją także Patańdźali w *Jogasutrach*. W naszej epoce odrodziła się ona za sprawą Mahawatara Babadźiego *(q.v.)*. Wybrał on Paramahansę Joganandę jako tego, który tę świętą naukę udostępni całemu światu. Zlecił mu również założyć stowarzyszenie mające za zadanie czuwać nad zachowaniem czystości przekazu tej wiedzy dla przyszłych pokoleń. W dwudziestym szóstym rozdziale *Autobiografii jogina* Paramahansa Jogananda wyjaśnia, czym jest *krija-joga*. Osoby, które odpowiadają pewnym wymogom duchowym, mogą się jej uczyć na podstawie *Lekcji Self-Realization Fellowship*.

Lahiri Mahaśaja – *Lahiri* jest nazwiskiem Śjamy Ćarana Lahiriego (1828 – 1895). *Mahaśaja* znaczy w sanskrycie: „człowiek wielkiego umysłu" i jest nazwą godności religijnej. Był on uczniem Mahawatara Babadźiego, a guru Swamiego Śri Jukteśwara (który był guru Paramahansy Joganandy). To właśnie Lahiriemu Mahaśaji objawił Babadźi pradawną, niemal już zatraconą naukę *krija-jogi (q.v.)*. Lahiri Mahaśaja odegrał doniosłą rolę w procesie odrodzenia jogi w nowożytnych Indiach, gdyż – nie zważając na kastę ani na wiarę przez kogoś wyznawaną – udzielał instrukcji i błogosławieństwa niezliczonym poszukującym, którzy się mu zawierzali. Władał cudownymi mocami, był więc nauczycielem przypominającym Chrystusa, a zarazem głową rodziny piastującą odpowiedzialne stanowisko biznesowe. Pokazał współczesnemu światu, że łącząc medytację ze sprawnym pełnieniem obowiązków, jakie nakłada świat, można prowadzić życie idealnie zrównoważone. Życie Lahiriego Mahaśaji przedstawia *Autobiografia jogina* Paramahansy Joganandy.

Lekcje Self-Realization Fellowship – Nauki Paramahansy Joganandy opracowane w postaci obszernej serii lekcji przeznaczonych do samodzielnych studiów domowych dla szczerych poszukiwaczy prawdy z całego świata. Lekcje te obejmują techniki medytacyjne, jakie zalecał Paramahansa Jogananda, w tym technikę *krija-jogi (q.v.)* – udostępniane tym, którzy spełniają pewne warunki. Informacji na temat tych lekcji udziela na życzenie Self-Realization Fellowship International Headquarters.

Mahawatar Babadźi – nieśmiertelny *mahawatar* („wielki awatar"), który w 1861r. nauczył Lahiriego Mahaśaję *krija-jogi*, co przywróciło światu duchową naukę utraconą przez wieki. Obszerniejsze informacje o życiu i duchowej misji Babadźiego zawiera *Autobiografia jogina*. (Zob. *awatar*).

maja – moc ułudy tkwiąca w naturze stworzenia, z powodu której Jedyny wydaje się liczny. *Maja* jest zasadą względności, rozdzielenia, kontrastu, dwoistości, stanów opozycyjnych; „Szatan" (dosłownie po hebrajsku „przeciwnik) u starotestamentowych proroków; i „diabeł", którego Chrystus obrazowo opisał jako „mężobójcę" i „kłamcę", bo „w nim prawdy nie masz" (Jan 8:44).

Paramahansa Jogananda napisał:

„Sanskryckie słowo *maja* znaczy «mierniczy»; jest to magiczna moc w stworzeniu, dzięki której w Niemierzalnym i Nierozdzielnym istnieją pozorne ograniczenia i podziały. *Maja* to sama Przyroda – światy zjawiskowe, zawsze w nieustannie zmiennym przepływie w przeciwieństwie do Niezmiennego Boga.

W Bożym planie i zabawie *(lil)* jedyną funkcją Szatana czyli *maji* jest próba odciągnięcia człowieka od Ducha ku materii, od Rzeczywistego ku nierzeczywistemu. «Od początku diabeł grzeszy. Na to się objawił Syn Boży, aby zniweczył uczynki diabelskie» (I Jan 3:8). Oznacza to, że objawienie się Świadomości Chrystusowej w człowieku łatwo niszczy ułudę, czyli «uczynki diabelskie».

Maja tworzy zasłonę przemijalności w Przyrodzie, jest nieustannym stawaniem się stworzenia. To zasłona, którą każdy człowiek musi podnieść, aby ujrzeć poza nią Stwórcę, Niezmiennego, wieczną Rzeczywistość.

W złudnym marzeniu sennym człowiek potrafi tworzyć iluzoryczne światy, nie powinno mu więc być trudno pojąć, że Duch, posługując się potęgą *maji*, stworzył człowiekowi senny świat „życia" lub świadomego istnienia, które w rzeczywistości jest egzystencją tak samo fałszywą jak świat marzeń sennych – bo jak one ulotną i nieustająco zmienną [...]. W swoim aspekcie śmiertelnym człowiek śni o dwoistości przeciwieństw i kontrastach, takich jak życie i śmierć, zdrowie i choroba, szczęście i smutek, lecz skoro się tylko przebudzi w świadomości duszy, znika wszelki dualizm i poznaje on siebie jako Ducha wiecznego, pełnego błogiej szczęśliwości".

medytacja – koncentracja na Bogu. Terminu tego używamy w znaczeniu ogólnym, w odniesieniu do praktykowania wszelkich technik, które mają na celu skierowanie uwagi w głąb siebie i skupienie jej na jakimś aspekcie Boga. W znaczeniu szczególnym, medytacja oznacza efekt końcowy pomyślnego zastosowania tych technik: bezpośrednie doświadczanie Boga poprzez wgląd intuicyjny. Jest to siódmy etap *(dhjana)* ośmiorakiej ścieżki jogi, którą opisuje Patańdźali. Etap ten można osiągnąć dopiero po opanowaniu umiejętności nieprzerwanej koncentracji wewnętrznej, w wyniku której medytujący pozostaje całkowicie nieporuszony wobec bodźców docierających z zewnętrznego świata. W najgłębszej medytacji doświadcza się ósmego etapu ścieżki jogicznej – *samadhi (q.v.)*, komunii lub stanu jedności z Bogiem. (Zob. też *joga*).

nadświadomość – czysta, intuicyjna, wszechwidząca, wieczyście błoga świadomość duszy. Pojęcie czasami używane w szerokim rozumieniu jako określenie wszelkich stanów komunii z Bogiem, jakich można doświadczyć w medytacji. Szczególnie jednak odnosi się ono do stanu początkowego, w którym człowiek przekracza świadomość ego i uświadamia sobie, że jego Jaźnią jest dusza stworzona na obraz i podobieństwo Boga. A wówczas dostępuje się wyższych stopni urzeczywistnienia: Świadomości Chrystusowej i Świadomości Kosmicznej *(q.v.)*.

oko duchowe – pojedyncze oko intuicji i postrzegania z poziomu wszechobecności w Chrystusowym *(Kutastha)* ośrodku *(q.v.)* (w ćakrze adźnia) pomiędzy brwiami. Otwiera ono bramę do najwyższych stanów boskiej świadomości. Jezus miał na myśli boską światłość, którą się postrzega okiem duchowym, gdy mówił: „Jeśli oko twoje jest jedno, to całe ciało twoje jest pełne światła. [...] Bacz więc, by światło, które jest w tobie, nie było ciemnością" (Łk 11:34-36).

paramahansa – godność duchowa nadawana człowiekowi, który osiąga najwyższy stan nieprzerwanej komunii z Bogiem. Może ją nadać tylko prawdziwy guru uczniowi do niej uprawnionemu. Swami Śri Jukteśwar przyznał ten tytuł umiłowanemu uczniowi Joganadzie w roku 1935. Dosłownie *paramahansa* znaczy „łabędź najwyższy". W hinduskich pismach świętych *hansa*, czyli łabędź, symbolizuje duchową mądrość rozróżniania.

prana – energia lub siła życiowa, inteligentna, subtelniejsza niż energia atomowa; zasada życia w kosmosie fizycznym oraz podstawowa substancja świata astralnego *(q.v.)*. We wszechświecie fizycznym istnieją dwa rodzaje *prany:* (1) kosmiczna energia wibracyjna, która jest w nim wszechobecna, stanowi jego budulec i podtrzymuje istnienie wszechrzeczy oraz (2) szczególna *prana* lub energia przenikająca ludzkie ciało i utrzymująca je przy życiu.

radźa-joga – „królewska" czyli najwyższa droga do zjednoczenia z Bogiem. Naucza naukowej medytacji *(q.v.)* jako podstawowego środka do poznania Boga i zawiera najistotniejsze elementy wszystkich innych form jogi. Nauki *radźa-jogi* Self-Realization Fellowship nakreślają sposób życia prowadzący do doskonałego rozwoju ciała, umysłu i duszy, opierający się na medytacji *krija-jogi (q.v.)*. (Zob. *joga*).

rdzeń przedłużony – główny punkt wejścia siły życiowej *(prany)* do ciała. Jest siedzibą szóstego ośrodka mózgowo-rdzeniowego, którego funkcją jest odbieranie wpływającej energii kosmicznej i kierowanie nią. Siła życiowa gromadzona jest w siódmym ośrodku *(sahasrarze)* w szczytowej części mózgu. Z tego zbiornika rozprowadzana jest po całym ciele. Subtelny ośrodek w rdzeniu przedłużonym to główny przełącznik kontrolujący wpływ, gromadzenie i rozprowadzanie siły życiowej.

reinkarnacja – doktryna postulująca, że wszyscy ludzie, zmuszeni prawem ewolucji, wielokrotnie powracają na ziemię do życia na coraz to wyższym poziomie duchowego rozwoju – opóźniani złymi czynami i przyśpieszani duchowym wysiłkiem – aż osiągną poznanie Jaźni i poznanie Boga. Przekroczywszy w ten sposób ograniczenia i niedoskonałości świadomości śmiertelnego ciała, dusza uwalnia się na zawsze od

Tam, gdzie Światło

przymusowego wcielania się. „Zwycięzcę uczynię filarem w świątyni Boga mojego i już z niej nie wyjdzie" (*Objawienie św. Jana* 3:12).

Pojęcie reinkarnacji występuje nie tylko w filozofii Wschodu, wiele starożytnych cywilizacji uznawało je za fundamentalną prawdę życia. Także Kościół wczesnochrześcijański przyjął zasadę reinkarnacji, którą wykładali gnostycy oraz liczni ojcowie Kościoła, w tym Klemens z Aleksandrii, Orygenes oraz św. Hieronim. Doktrynę tę oficjalnie usunięto z nauk chrześcijańskich dopiero w 553 A.D. na soborze konstantynopolskim II. Obecnie wielu myślicieli zachodnich zaczyna przyjmować ideę prawa karmy (q.v.) i reinkarnacji, znajdując w niej wspaniałe wyjaśnienie pozornych niesprawiedliwości życia.

samadhi – ekstaza, doświadczenie nadświadome, ostateczna jedność z Bogiem i najwyższą wszechprzenikającą Rzeczywistością. (Zob. *nadświadomość* oraz *joga*).

samourzeczywistnienie – Paramahansa Jogananda tak zdefiniował pojęcie samourzeczywistnienia: „Samourzeczywistnienie to głębokie poznanie – ciałem, umysłem i duszą – że stanowimy jedno z wszechobecnością Boga, że nie musimy się modlić, aby na nas zstąpiła, że jest ona zawsze nie tylko blisko nas, ale że wszechobecność Boga jest naszą wszechobecnością i już jesteśmy Jego częścią w całej pełni, teraz i na wieki. Musimy jedynie pogłębić swoje poznanie".

Self-Realization Fellowship – stowarzyszenie założone przez Paramahansę Joganandę w Stanach Zjednoczonych w 1920 roku, a wcześniej w 1917 r. jako Yogoda Satsanga Society of India w celu szerzenia na całym świecie praw duchowych i medytacyjnych technik krija-jogi *(q.v.)*. (Zob. *O Autorze*, str. 215). Paramahansa Jogananda wyjaśnił, że nazwa *Self-Realization Fellowship* oznacza: „braterstwo w Bogu dzięki samourzeczywistnieniu i przyjaźni wszystkich dusz poszukujących prawdy". (Zob. także: *Cele i ideały Self-Realization Fellowship*, s. 221).

Śri Jukteśwar, swami – (1855-1936), mistrz duchowy nowożytnych Indii podobny Chrystusowi; guru Paramahansy Joganandy oraz autor *Holy Science* [Świętej nauki], traktatu o podstawowej zgodności chrześcijańskich i hinduskich pism świętych. Życie Śri Jukteświara przedstawia Paramahansa Jogananda w *Autobiografii Jogina*.

Świadomość Chrystusowa – zob. wyżej pod **Chrystusowa**.

Świadomość Kosmiczna – Absolut; Duch istniejący poza stworzeniem. Także medytacyjny stan *samadhi*, stan jedności z Bogiem zarówno poza wibracyjnym stworzeniem, jak i wewnątrz niego.

Yogoda Satsanga Society of India – nazwa, pod którą stowarzyszenie Paramahansy Joganandy znane jest w Indiach. Założył je on w roku 1917. Główna siedziba tej organizacji, Yogoda Math, znajduje się nad brzegiem Gangesu w Dakśineświarze koło Kalkuty, a jej filia *(math)* w Rańći, w Dźharkhandzie. Poza ośrodkami i grupami medytacyjnymi w całych Indiach, w skład *Yogoda Satsanga Society* wchodzi wiele instytucji edukacyjnych – od szkół podstawowych do wyższych. *Yogoda*, termin stworzony przez Paramahansę Joganandę, pochodzi od słów: joga, czyli „zjednoczenie, harmonia, równowaga" oraz *da*, które znaczy: „dawać". Zaś *satsanga* to „spotkanie poszukujących Boga" lub „spotkanie poszukujących Prawdy". Na użytek organizacji zachodniej Paramahansadźi przetłumaczył całą tę nazwę jako: Self-Realization Fellowship (q.v.).

www.ingramcontent.com/pod-product-compliance
Lightning Source LLC
Chambersburg PA
CBHW021048090426
42738CB00006B/239